国 务 院 研 究 室 调 研 成 果 选

黄守宏 / 主编

中国经济社会发展
形势与对策（2020）

激发市场主体活力
增强发展内生动力

中国言实出版社

图书在版编目（CIP）数据

中国经济社会发展形势与对策 . 2020. 激发市场主体活力 增强发展内生动力 / 黄守宏主编 . -- 北京 : 中国言实出版社 , 2020.9

ISBN 978-7-5171-3548-7

Ⅰ . ①中… Ⅱ . ①黄… Ⅲ . ①中国经济—经济发展—调查研究— 2020 ②社会发展—调查研究—中国— 2020 Ⅳ . ① F124 ② D668

中国版本图书馆 CIP 数据核字（2020）第 159256 号

出 版 人 王昕朋
责任编辑 崔文婷
王建玲
责任校对 张 丽

出版发行 中国言实出版社
地 址：北京市朝阳区北苑路 180 号加利大厦 5 号楼 105 室
邮 编：100101
编辑部：北京市海淀区花园路 6 号院 B 座 6 层
邮 编：100088
电 话：64924853（总编室） 64924716（发行部）
网 址：www.zgyscbs.cn
E-mail：zgyscbs@263.net

经 销 新华书店
印 刷 北京温林源印刷有限公司
版 次 2021 年 1 月第 1 版 2021 年 1 月第 1 次印刷
规 格 710 毫米 × 1000 毫米 1 / 16 15.75 印张
字 数 166 千字
定 价 63.00 元 ISBN 978-7-5171-3548-7

本书编委会

CONTENTS 目录

二、坚持创新引领发展

三、扩大国内有效需求

四、稳住外贸外资基本盘

紧扣全面建成小康社会目标任务
做好“六稳”工作 落实“六保”任务

——2020年《政府工作报告》解读

（代序）

黄守宏

刚刚闭幕的十三届全国人大三次会议，审议通过了李克强总理所作的《政府工作报告》（以下简称《报告》）。《报告》坚持以习近平新时代中国特色社会主义思想为指导，深入贯彻党的十九大和十九届二中、三中、四中全会以及中央经济工作会议精神，按照以习近平同志为核心的党中央关于统筹推进新冠肺炎疫情防控和经济社会发展工作的重大决策部署，总结了过去一年和今年以来的政府工作，阐述了今年推动经济社会发展的总体要求、主要预期目标、宏观政策取向，对下一阶段重点工作作出了部署，是做好政府工作的纲领性文件。

一、来之不易、成之惟艰的经济社会发展和疫情防控成就

过去一年和今年前几个月，对我国来说是极不寻常、充满严峻考验的一个时期。2019 年我国发展面对的是世界经济增速降至国际金融危机 10 年来最低、国际经贸摩擦加剧的外部环境，面对的是国内诸多矛盾交织叠加、经济下行压力加大的复杂局面。这场突如其来的新冠肺炎疫情，是第二次世界大战以来全球面临的最严重的公共卫生和经济社会发展危机，也是新中国成立以来我国遭遇的传播速度最快、感染范围最广、防控难度最大的重大突发公共卫生事件，对经济社会发展带来极大冲击。

沧海横流，方显英雄本色。面对巨大困难挑战，以习近平同志为核心的党中央团结带领全国各族人民万众一心，顽强拼搏、攻坚克难。完成 2019 年全年主要目标任务，为全面建成小康社会打下决定性基础。武汉保卫战、湖北保卫战取得决定性成果，疫情防控阻击战取得重大战略成果，统筹推进疫情防控和经济社会发展工作取得积极成效。

2019 年经济社会发展成就主要有以下几个方面。**一是经济运行总体平稳。**国内生产总值 99.1 万亿元，按照年平均汇率折算为 14.4 万亿美元，占世界经济比重达

到16%左右。国内生产总值比上年增长6.1%，继续在世界主要经济体中名列前茅，对世界经济增长贡献率达30%左右。人均国内生产总值突破1万美元。根据世界银行数据，2018年全球人均国内生产总值在1万美元以上的国家，人口总规模约15亿。随着总人口达14亿的中国步入这一行列，全球人均国内生产总值在1万美元以上的国家人口规模接近30亿，占全球人口的38%。就业形势保持稳定，城镇新增就业1352万人，调查失业率在5.3%以下。居民消费价格上涨2.9%，处在合理区间。国际收支基本平衡，外汇储备保持在3万亿美元以上。**二是经济结构和区域布局继续优化。**社会消费品零售总额超过40万亿元，最终消费支出对经济增长的贡献率达到57.8%。先进制造业、现代服务业较快增长。粮食产量1.33万亿斤。常住人口城镇化率首次突破60%。重大区域战略深入实施，区域协同发展格局进一步优化。**三是发展新动能不断增强。**科技创新取得一批重大成果。我国在全球创新指数排名第14位，比上年上升3位。新兴产业持续壮大，传统产业加快升级。大众创业万众创新深入开展，全年新登记市场主体2377万户，年末市场主体总数达1.2亿户，企业数量日均净增1万户以上。**四是改革开放迈出重要步伐。**供给侧结构性改革继续深化，重要领域和关键环节改革力度加大。全年减税降费2.36万亿元，超过原定的近2万亿元规模，制造业、民营和小微企业是主要受益者。政府机构改革任务完成。简政放权、放管结合、优化服务改革纵深推进，市场准入负面清单继续缩减，取消和下放一批行政审批事项。世界银行《2020年全球营商环境报告》显示，我国营商环境排名跃升至第31位，比上年上升15位。深化国资国企改革。落实支持民营经济发展政策。财税、金融、农村、社会事业、生态环保等领域改革有序推进。推动全方位对外开放。共建“一带一路”取得新成效。出台外商投资法及其实施条例。增设6个自贸试验区和上海自贸试验区临港新片区，新设24个跨境电商综合试验区。缩减外资准入负面清单。进出口规模基本稳定、结构继续优化，实际使用外资保持增长、质量进一步提高。**五是三大攻坚战取得关键进展**。脱贫攻坚取得决定性成就，农村贫困人口减少1109万人，贫困发生率降至0.6%。污染防治持续推进，主要污染物排放量继续下降。重点领域风险得到有效防控，金融运行总体平稳。**六是民生进一步改善**。全国居民人均可支配收入超过3万元，城乡居民收入差距继续缩小。退休人员基本养老金、居民医保、城乡低保、专项救助、抚恤补助等标准继续提高。药品集中采购和使用试点扩展到全国，高血压和糖尿病门诊用药纳入医保报销、惠及3亿多患者。城镇保障房建设和农村危房改造深入推进。义务教育阶段学生生活补助人数增加近40%，高职院校扩招100万人。改革发展成果更多更公平惠及人民群众。

新冠肺炎疫情发生后，党中央将疫情防控作为头等大事来抓，习近平总书记亲自指挥、亲自部署，坚持把人民生命安全和身体健康放在第一位，领导全党全军全国各族人民打好疫情防控的人民战争、总体战、阻击战。党中央统筹全局，及时制定疫情防控战略策略，提出坚定信心、同舟共济、科学防治、精准施策的总要求，果断采取一系列重大防控和救治举措。我们在没有经验可以借鉴的情况下，用一个多月的时间初步遏制了疫情蔓延势头，用两个月左右的时间将本土新增病例控制在个位数以内，用3个月左右的时间取得了武汉保卫战、湖北保卫战的决定性成果，充分展现了中国力量、中国精神、中国效率。我们本着公开、透明、负责任态度，第一时间向世卫组织和各国通报疫情，毫不保留地分享防疫技术和经验，积极开展疫情防控国际合作，尽己所能向有关国家和国际组织提供帮助，彰显了一个负责任大国的担当。

对我们这样一个拥有14亿人口的发展中国家来说，能在较短时间内有效控制疫情，保障了人民基本生活，十分不易、成之惟艰。这次疫情防控斗争实践充分表明，以习近平同志为核心的党中央具有驾驭复杂局面的高超能力，具有应对困难和挑战的坚定决心，在分析判断形势、推动工作方面具有远见卓识。这次疫情防控斗争实践再次证明，中国共产党领导和我国社会主义制度、我国国家治理体系具有强大生命力和显著优越性，能够战胜任何艰难险阻，能够为人类文明进步作出重大贡献。

我们在防控疫情前提下统筹推进经济社会发展。不失时机推进复工复产，着力帮助企业解决防疫物资、用工、上下游配套等问题，推出实施阶段性援企稳岗、减免部分税费、免收所有收费公路通行费、加强金融支持、将价格临时补贴标准提高 1 倍、上调退休人员基本养老金等 8 个方面 90 项重大政策。这些政策使广大人民群众从中受益，及时有效促进了保供稳价和复工复产，我国经济表现出坚强韧性和巨大潜能。

二、实事求是、积极稳妥的总体部署

今年是我国发展史上具有里程碑意义的一年。做好政府工作，要在以习近平同志为核心的党中央坚强领导下，以习近平新时代中国特色社会主义思想为指导，全面贯彻党的十九大和十九届二中、三中、四中全会精神，坚决贯彻党的基本理论、基本路线、基本方略，增强“四个意识”、坚定“四个自信”、做到“两个维护”，紧扣全面建成小康社会目标任务，统筹推进疫情防控和经济社会发展工作，在疫情防控常态化前提下，坚持稳中求进工作总基调，坚持新发展理念，坚持以供给侧结构性改革为主线，坚持以改革开放为动力推动高质量发展，坚决打好三大攻坚战，加大“六稳”工作力度，保居民就业、保基本民生、保市场主体、保粮食能源安全、保产业链供应链稳定、保基层运转，坚定实施扩大内需战略，维护经济发展和社会稳定大局，确保完成决战决胜脱贫攻坚目标任务，全面建成小康社会。

当前和今后一个时期，我国发展面临的挑战前所未有，必须增强忧患意识和底线思维。越是面对困难，越要用全面、辩证、长远的眼光看待我国发展，越要坚定信心。这次疫情虽然对我国经济社会发展带来严重冲击和影响，但这些冲击和影响是阶段性的、总体可控的，我国发展的基本支撑、内在动因没有改变。我国发展仍处于重要战略机遇期，有独特的政治和制度优势，有改革开放以来积累的雄厚物质技术基础，有世界上门类最为齐全的产业体系，有超大规模的市场优势和内需潜力，有庞大的人力资本和人才资源，有充足的政策空间和应对工具，新的增长点增长极加快成长。特别是我们有以习近平同志为核心的党中央的坚强领导，有习近平新时代中国特色社会主义思想的科学指导，完全有条件、有能力、有信心战胜各种风险挑战，保持经济长期向好的基本面。

明者因时而变，知者随事而制。面对新情况新问题新挑战，党中央、国务院本着尊重经济规律和实事求是的原则，深入贯彻新发展理念，综合研判形势，根据需要与可能，对疫情前考虑的发展预期目标作了适当调整，对各项政策作了相应安排。

《报告》提出了今年经济社会发展的主要目标任务。今年要优先稳就业保民生，坚决打赢脱贫攻坚战，努力实现全面建成小康社会目标任务；城镇新增就业900万人以上，城镇调查失业率6%左右，城镇登记失业率5.5%左右；居民消费价格涨幅3.5%左右；进出口促稳提质，国际收支基本平衡；居民收入增长与经济增长基本同步；现行标准下农村贫困人口全部脱贫、贫困县全部摘帽；重大金融风险有效防控；单位国内生产总值能耗和主要污染物排放量继续下降，努力完成“十三五”规划目标任务。

《报告》没有提出全年经济增速具体目标，对此各方面高度关注。这是经过反复考虑决定的。在正常的发展环境条件和经济结构不断优化等情况下，经济增速可以较为全面反映经济运行的总体状况、发展态势和最终成果，较好代表就业、民生等改善情况，同时经济增速作为基础性、综合性指标，是制定其他发展目标、确定宏观政策的参照基点。确定一个合理的、符合实际情况的经济增速预期目标，对做好各方面工作具有很强的导向作用。长期以来，除个别年份外，《报告》均提出当年国内生产总值增长速度预期目标。鉴于今年的情况极为特殊，《报告》没有提出全年经济增速具体目标，出于多方面的考量，对此要全面理解和把握。

第一，我国发展面临诸多不确定不稳定因素，缺乏制定较为准确的全年经济增速具体目标的客观基础和条件。从外部环境看，全球疫情仍在扩散蔓延，什么时候结束难以预计，受其影响，世界经济衰退程度、国际产业链供应链恢复进度、全球贸易与投资增长状况等都存在变数。我国经济深度融入世界经济，外部环境的高度不确定性对我国发展必然带来严重影响。从国内看，经济发展面临一些难以预料的影响因素。今后一个阶段境外疫情输入、境内疫情反弹风险持续存在，对经济发展来说始终是一把“达摩克里斯之剑”，同时前期被疫情打乱的产业循环、市场循环、经济社会循环的完全修复和顺畅尚需努力，特别是在常态化疫情防控背景下经济增长的内在机理、特点等异于平常，扰动因素也大为增加，作为反映经济运行状况和态势的经济增速指标的作用和意义大打折扣甚至会与实际情况相背离。在这种情况下，不提出全年经济增速具体目标，体现了实事求是精神，是遵循经济规律的科学选择。如果勉强制定一个经济增速目标，也难以起到应有的导向作用，甚至可能带来负面效应。

第二，在我国遭遇历史罕见的疫情冲击背景下，《报告》强调优先稳就业保民生、坚决打赢脱贫攻坚战，有利于引导各方面集中精力抓好“六稳”“六保”，以更好体现保障和改善民生这个发展的根本目的。在正常情况下，经济增长速度与就业增加、民生改善等之间具有直接的关联效应。比如，近几年国内生产总值每增长 1 个百分点，带动约 200 万人就业。2018 年以来，针对复杂严峻的外部环境和较大的国内经济下行压力，党中央、国务院提出要稳就业、稳金融、稳外贸、稳外资、稳投资、稳预期。我们通过加强“六稳”工作，稳住了经济增长，促进了就业增加和民生改善。今年以来，为对冲疫情对就业民生的影响，我们在统筹疫情防控和经济社会发展中实施一系列保就业、保民生政策，虽然一季度国内生产总值同比下降 6.8%，但城镇新增就业 229 万人，居民人均可支配收入比上年同期名义增长 0.8%，扣除价格因素，实际下降 3.9%、低于经济降幅。这说明，在特殊情况下，通过直接有力的举措来保就业保民生是可行的、有效的。《报告》没有提出全年经济增速具体目标，而是强调“要优先稳就业保民生，坚决打赢脱贫攻坚战，努力实现全面建成小康社会目标任务”，主要是为了引导和调动各方面资源直接用于支持保就业保民生和脱贫攻坚。这是非常时期采取的直抓根本、直接惠民利企的非常之策。如果不是这样做，而是继续按常规确定全年经济增速具体目标的话，那经济政策就要基于实现这个目标来制定，宏观调控就要围绕实现这个目标来进行，各方面的注意力也会聚焦这个目标。在当前经济增速下滑情况下，各地区各部门的精力就会集中在保速度上，社会上也会因速度高一点低一点而纠结，不利于保就业保民生。所以不提经济增速具体目标，有利于引导各方面理性平和地看待速度，有利于各地区从速度焦虑、数字包袱中解脱出来，专注于做好“六稳”工作、落实“六保”任务。如果“六稳”“六保”做到了，自然会带来一定的经济增长。

第三，我们已经奠定了全面建成小康社会的决定性基础，落实好《报告》提出的部署安排和政策措施，全面建成小康社会目标就一定能如期实现。改革开放之后，我们党对我国社会主义现代化建设作出战略安排，提出“三步走”战略目标。解决人民温饱问题、人民生活总体上达到小康水平这两个目标已提前实现。党的十八大在十六大、十七大确立的全面建设小康社会目标基础上，提出了新的要求。党的十九大再次强调，到建党一百年时建成经济更加发展、民主更加健全、科教更加进步、文化更加繁荣、社会更加和谐、人民生活更加殷实的小康社会。这说明，随着中国特色社会主义事业不断向前推进，人民生活水平不断提高，全面建成小康社会的内涵越来越丰富。习近平总书记指出：“全面建成小康社会，强调的不仅是‘小康’，而且更重要的也是更难做到的是‘全面’。”全面建成小康社会是一场重大而深刻的社会变迁，是社会的全面发展、全面进步，涉及经济、政治、文化、社会、生态等诸多方面。反映或衡量全面建成小康社会的是一个完整、系统、综合性的目标体系，“十三五”规划中包括了全面建成小康社会目标的主要内容，其中有25项主要指标。经过持续努力，预计到年底，这些主要指标绝大部分可以超额完成或全面完成。其中关于实现国内生产总值和城乡居民人均收入比2010年翻一番目标，通过这些年的持续发展，目前已接近达到目标。小康不小康，关键看老乡。2019年年底农村贫困人口剩余551万人，过去这几年每年脱贫都是1000万人以上，今年虽然疫情增加了脱贫难度，但我们有把握完成脱贫攻坚任务。这是实现全面建成小康社会目标的标志。

第四，稳定经济运行事关全局，必须全力以赴稳住经济基本盘，守住“六保”底线，把疫情造成的损失降到最低程度。《报告》没有提出今年经济增速具体目标，决不意味着经济增长不重要。只有保持适度的经济增长，才能稳住就业、保住基本民生、实现脱贫目标，也才能有效防范各类风险隐患集中暴发。在当前经济增速下滑的情况下，决不能“脚踩西瓜皮、滑到哪里算哪里”。怎么样才能稳住增长？《报告》指出，要用改革开放办法，稳就业、保民生、促消费，拉动市场、稳定增长，走出一条有效应对冲击、实现良性循环的新路子。

实现今年发展主要目标任务，必须坚持稳中求进工作总基调。宏观政策要在“更加”两个字上下功夫，以更大的力度、更有效的举措对冲疫情影响，同时要加强财政、货币、就业政策的相互协调配合，统筹产业、消费、投资、区域等政策，最大限度发挥政策效力。

《报告》指出，积极的财政政策要更加积极有为。这主要体现在三个方面。一是加大财政政策实施力度。从提高赤字率、发行抗疫特别国债、大幅增加地方政府专项债券发行规模、加大减税降费力度等方面综合施策，今年赤字率拟按 3.6% 以上安排、比 2019 年高出 0.8 个百分点以上，财政赤字安排 3.76 万亿元、比 2019 年增加 1 万亿元。发行 1 万亿元抗疫特别国债。二是创新财政政策实施机制。增加的 1 万亿元财政赤字和发行的 1 万亿元抗疫特别国债全部转给地方，建立特殊转移支付机制，资金直达市县基层、直接惠企利民，主要用于保就业、保基本民生、保市场主体，包括支持减税降费、减租降息、扩大消费和投资等，强化公共财政属性，决不允许截留挪用。地方政府专项债券要优化调整使用方式，增强对社会资本的撬动作用。三是大力优化财政支出结构。今年政府四大预算收入约 32 万亿元，提升绩效的空间和潜力很大，要优化资金配置。基本民生支出只增不减，重点领域支出要切实保障，一般性支出要坚决压减。各类结余、沉淀资金要应收尽收、重新安排。各级政府要真正过紧日子。中央和省级政府带头压减支出。过去中央财政本级支出增速大部分年份在 7% 以上，今年下决心按负增长安排，其中非急需非刚性支出压减 50% 以上。中央对地方转移支付增长 12.8%。财政政策要从“质”与“量”两方面发力，更好发挥对稳定经济运行的关键作用。

《报告》指出，稳健的货币政策要更加灵活适度。受疫情影响，当前企业特别是中小微企业资金链稳定面临巨大压力，融资难融资贵问题加剧。《报告》指出，综合运用降准降息、再贷款等手段，引导广义货币供应量和社会融资规模增速明显高于 2019 年。2019 年末广义货币 M_2 余额同比增长 8.7%，社会融资规模存量同比增长 10.7%，均高于国内生产总值 7.8% 的名义增速。今年广义货币和社会融资规模增速要明显高于 2019 年，而国内生产总值名义增速大概率将低于 2019 年，这意味着今年将保持流动性合理充裕。关键是畅通货币政策传导渠道，提升货币政策实施效果。《报告》强调，今年要创新直达实体经济的货币政策工具，务必推动企业便利获得贷款，推动利率持续下行。要继续保持人民币汇率在合理均衡水平上基本稳定。

《报告》指出，就业优先政策要全面强化。就业是最大的民生。受疫情影响，今年就业压力空前。要综合施策，协同运用宏观政策、微观政策和社会政策，努力稳定现有就业，积极增加新的就业，促进失业人员再就业。财政、货币和投资等政策要聚力支持稳就业。稳就业是地方政府责任，各地要清理取消对就业的不合理限制，促就业举措要应出尽出，拓岗位办法要能用尽用。只要就业能稳住，收入增加和内需扩大就有了基础，就能实现经济良性循环和社会和谐稳定。

《报告》对坚决打好三大攻坚战提出了明确要求。脱贫是全面建成小康社会必须完成的硬任务，要坚持现行脱贫标准，增加扶贫投入，强化扶贫举措落实，确保剩余贫困人口全部脱贫，健全和执行好返贫人口监测帮扶机制，巩固脱贫成果。要打好蓝天、碧水、净土保卫战，实现污染防治攻坚战阶段性目标。加强金融等领域重大风险防控，坚决守住不发生系统性风险底线。

《报告》指出，出台的政策既保持力度又考虑可持续性，根据形势变化还可完善。这就是说，《报告》中提出的各项政策措施是基于当前形势和经济运行态势制定的，如果下一阶段形势发生重大变化、经济发展状况持续恶化、危及“六保”底线，我们还会出台新的政策。在这方面，我们是有政策手段的。比如，包括今年新出台的各项财政政策在内，我国政府负债率还不到50%，低于欧盟60%的警戒线，也低于主要市场经济国家和新兴市场国家水平，有进一步加大财政政策力度的空间。

概括起来讲，理解和把握《报告》提出的目标任务和宏观政策，要注重以下五个方面。

一是把握常态化疫情防控这个大前提。疫情防控情况是下一阶段影响我国发展的最大变数。我国疫情防控阻击战取得重大战略成果，但现在全球疫情仍在蔓延，输入风险始终存在，国内聚集性疫情时有发生。当前我国疫情已从前一段时间的应急性防控转向常态化防控，这种局面可能要维持相当长时间。习近平总书记反复强调，要时刻绷紧疫情防控这根弦。因为疫情一旦大规模反弹而控制不住的话，整个经济社会进程又会被打乱。疫情防控不能放松，同时经济社会发展又不能等，民生就业的问题也不能等，怎么办？党中央提出，要健全常态化疫情防控机制，一旦出现疫情要做到及时发现、快速处置、精准管控、有效救治，确保疫情不反弹。在此前提下，要加快推进全面复工复产、复市复业，畅通产业循环、市场循环、经济社会循环。《报告》提出的发展目标任务、政策举措和工作部署，都基于常态化疫情防控这个前提。

二是把握"六保"这个着力点。《报告》指出，"六保"是今年"六稳"工作的着力点，这旨在稳住经济基本盘、兜住民生底线。"六保"是针对新挑战提出的积极的、进取的而不是消极的任务。有的人讲“保”是被动的、防守的、消极的，实则不然。平常情况下，我们往前走、发展快一点，这是积极进取的。当遇到外部强烈冲击时，我们能站稳脚跟、不后退甚至少后退，待冲击过后再往前走，这本身也是积极的。面对前所未有的挑战，稳住经济基本盘、稳住市场主体，就是保护社会生产力、保住今后发展的根基。兜住民生底线，就奠定了经济发展和社会稳定的基础。今年的各项政策主要是围绕“六稳”特别是“六保”制定的，其中又聚焦保就业、保基本民生、保市场主体。

三是把握脱贫攻坚这个硬任务。脱贫是全面建成小康社会的标志性指标。党中央对脱贫攻坚高度重视，党的十八大以来，习近平总书记亲自挂帅、亲自出征、亲自督战脱贫攻坚。经过不懈努力，脱贫攻坚已取得决定性成就。这次疫情给脱贫攻坚带来了不利影响，也加大了返贫风险。为确保脱贫攻坚决战决胜，《报告》提出了针对性强、力度大的举措。今年脱贫目标一定能实现，这意味着我国提前10年实现联合国2030年可持续发展议程的减贫目标，是中国对全球减贫事业作出的巨大贡献。

四是把握扩大内需这个战略基点。我国有14亿人口，人均GDP突破1万美元，居民消费正在优化升级，拥有超大规模并极具发展潜力的消费市场。同时我国正处于新型工业化、信息化、新型城镇化、农业现代化深入发展阶段，有效投资需求潜力很大。这二者有机结合起来就形成了巨大的内需潜力，是我国经济发展的最大优势所在。只要把这个潜力和优势发挥出来，就能形成拉动经济增长的持久而强劲的动力。《报告》提出，要坚定实施扩大内需战略。这既是当前应对疫情冲击、促进经济回升向好的需要，是保持我国经济长期持续健康发展的需要，是满足人民日益增长的美好生活需要，还是应对外部环境不确定性、牢牢把握发展主动权的需要。我们要通过实施扩大内需战略，并与努力稳定和拓展外需相结合，构建国内国际双循环相互促进的新发展格局。

五是把握改革开放这个大逻辑。应对前所未有的挑战，实现发展目标任务，要靠什么？有些人担心，我们会不会走铺摊子、粗放增长的老路，会不会采取为维持短期增长而损害长期发展的做法？对此，《报告》明确回应，要用改革开放的办法。改革开放是过去40多年推动中国取得巨大成就的制胜法宝，可以说，这一法宝屡试不爽，现在同样也不例外。《报告》中提出的促进经济社会发展政策包括“六稳”“六保”新举措，可以说念的是改革开放的“经”、用的是改革开放的“招”、走的是改革开放的路，以充分激发广大人民群众的积极性和创造性。

三、重点突出、精准有力的工作部署

今年已过去5个月，下一阶段要按照以习近平同志为核心的党中央决策部署，毫不放松常态化疫情防控，着力做好经济社会发展各项工作。对此，《报告》作出了部署安排。

（一）加大宏观政策实施力度，着力稳企业保就业。我国有上亿户市场主体，这是经济发展的活力源泉。特别是量大面广的中小微企业、个体工商户吸纳90%以上的城镇就业，关系亿万家庭生计，在这次疫情中受到冲击和影响最大。只有尽力帮助这些市场主体渡过难关、防止出现大规模倒闭，经济增长才有基础，就业才有支撑，人民生活才有保障。《报告》对此提出了有力的政策举措。

加大减税降费力度。《报告》按照强化阶段性政策与落实制度性安排相结合的思路，从三个方面提出了减税降费举措。一是继续执行2019年出台的下调增值税税率和企业养老保险费率政策。由于这两项大规模减税降费政策是分别于2019年4月份、5月份开始实行的，今年全年实施，新增减税降费约5000亿元。二是延长前期出台的阶段性减税降费政策执行期限。今年以来，为对冲疫情影响，我们出台了一批6月前到期的阶段性减税降费政策。包括免征中小微企业养老、失业和工伤保险单位缴费，减免小规模纳税人增值税，免征公共交通运输、餐饮住宿、旅游娱乐、文化体育等服务增值税，减免民航发展基金、港口建设费，这些政策执行期限全部延长到今年年底。对受疫情影响较大的交通运输、餐饮、旅游等行业企业，亏损结转年限由5年延长至8年。中小微企业和个体工商户在市场主体中占大头，也是就业的最大容纳器，各项惠企纾困政策要倾斜支持、及时覆盖。今年小微企业、个体工商户所得税缴纳一律延缓到明年。延长支持疫情防控保供相关税费政策实施期限。三是围绕稳企业保就业新近推出一些减税降费政策。比如对电影等行业给予税费支持等。预计全年为企业新增减负超过2.5万亿元。

推动降低企业生产经营成本。《报告》从推动降低企业用能、用网、房租、物流等成本方面提出了具体措施。从国际比较看，我国居民和农业用电价格相对较低，但一般工商业特别是大工业用电价格偏高一些。这两年，我们已连续出台一般工商业平均电价降低10%的政策。今年我们又出台降电价政策，明确从2月1日至6月30日，将除高耗能行业外的大工业和一般工商业用户电价降低5%。《报告》明确，这一政策将延长到今年年底。最近几年，我国持续推动网络提速降费，不仅使群众普遍受惠、企业广泛受益，也有力推动了数字经济迅速发展。今年要在近几年资费大幅度降低基础上，实现宽带和专线平均资费再降低15%。疫情发生以来，一些行业领域企业、商户经营困难，但房屋租金等刚性支出压力凸显，甚至成了一些中小微企业和个体工商户不可承受之重。为此，《报告》提出减免国有房产租金，鼓励各类业主减免或缓收房租，并予以政策支持。同时，要求坚决整治涉企违规收费，防止各种乱收费死灰复燃。

强化对稳企业的金融支持。当前企业特别是中小微企业现金流极为紧张，维护资金链安全是稳企业最迫切的任务。为此，《报告》提出了几条重要举措。一是继续延长中小微企业贷款延期还本付息政策执行期限。在疫情发生后，有关部门出台了对符合条件、流动性暂时遇到困难的中小微企业、个体工商户贷款本金和利息给予临时性延期偿还安排政策，即对于2020年1月25日以来到期的中小微企业贷款本金及利息，最长可延长至2020年6月30日偿还，并免收罚息。鉴于当前中小微企业经营困难加剧情况，《报告》明确，中小微企业贷款延期还本付息政策再延长到明年3月底，其中对普惠型小微企业贷款应延尽延，对其他困难企业贷款由企业与银行协商延期。二是鼓励和支持金融机构对中小微企业增加信贷投放、扩大覆盖面。长期以来，中小微企业贷款难的一个重要原因是银企信息不对称，企业缺乏合格抵质押物。针对这一问题，《报告》提出要促进涉企信用信息共享，并要求银行利用金融科技和大数据降低服务成本，提高服务精准性，对小微企业大幅增加信用贷款、提高首次贷款比例。大型商业银行全年普惠型小微企业贷款增速要高于40%。过去银行往往要求企业先还本再续贷，考虑到企业经营困难、资金紧张情况，《报告》要求大幅增加对小微企业的无还本续贷，以防止随意抽贷、断贷、压贷，避免造成资金链断裂。针对目前政府性融资担保的规模和占比较低、费率较高等问题，《报告》提出要大幅提高政府性融资担保覆盖面并明显降低费率。在鼓励银行增加对企业贷款的同时，要支持企业扩大债券融资。三是完善激励约束机制。为鼓励银行敢贷、愿贷、能贷，《报告》要求完善考核激励机制。包括要完善银行绩效评价指标体系和金融机构内部考核机制，落实尽职免责条款，阶段性放宽银行资本、拨备和不良资产核销等要求，有效增加中小银行低成本资金来源。加强监管，防止资金“空转”套利、脱实向虚或“垒大户”。为保市场主体，《报告》强调，一定要让中小微企业贷款可获得性明显提高，一定要让综合融资成本明显下降。

千方百计稳定和扩大就业。疫情对部分行业特别是住宿餐饮、旅游娱乐、居民服务等行业带来重创，企业停工歇业现象增多、用人需求减少。《报告》要求，加强对重点行业、重点群体就业支持。高校毕业生占新成长劳动力的一半以上，是宝贵的人才资源，承载着家庭的希望，是做好就业工作的重中之重。今年高校应届毕业生比上年增加40万人、达到874万人，再创历史新高，留学人员回国就业人数也明显增多。受疫情影响，今年高校毕业生招聘需求下滑、求职面试受限、选择余地明显收窄。《报告》对促进高校毕业生就业作出了安排。主要是，促进市场化社会化就业，对增加高校毕业生招用的企业予以政策支持；扩大基层服务项目等招聘，包括增加“特岗计划”“三支一扶”招募规模，拓展科研、社区、医疗等基层岗位，增加中小学和幼儿园教师招聘数量，提高各级事业单位空缺岗位用于招聘高校毕业生的比例；增加硕士研究生招生规模；扩大高校毕业生应征入伍规模；高校和属地政府要提供不断线的就业服务。《报告》对做好退役军人、农民工等其他重点群体就业和帮扶残疾人、零就业家庭等困难群体就业工作也提出了要求。要加强劳动者权益保护，防止和纠正性别、身份、地域等就业歧视。现在我国灵活就业人员数以亿计，其中既包括传统的各类零工、企业非全日制用工、无雇工的个体工商户等，也包括近年来快速增长的电商、快递等新业态的就业人员。这些人员流动性大、社会保障政策存在缺失，受疫情影响较大。针对当前灵活就业人员面临的困难，《报告》提出了相关扶持政策。今年对低收入人员实行社保费自愿缓缴政策，涉及就业的行政事业性收费全部取消。当前我国就业总量问题和结构性问题并存，特别是高技能人才供需缺口达2000万人，成为产业转型升级的重要制约因素。统筹考虑缓解当前就业压力和高技能人才短缺问题，在2019年职业技能提升和转岗转业培训超过1500万人次、高职院校扩招100万人基础上，今明两年职业技能培训3500万人次以上、高职院校扩招200万人，让更多青年凭借一技之长实现人生价值，也为推动高质量发展提供更加有力的人才支撑。

（二）依靠改革激发市场主体活力，增强发展新动能。经济发展的动力来自于市场主体的活力。在当前困难情况下，保住市场主体并努力稳定其活跃度，是“六保”的重要任务。这要靠深化改革，大力破除体制机制障碍，让市场在资源配置中起决定性作用、更好发挥政府作用，增强内生发展动力。

深化“放管服”改革。营商环境就是生产力、竞争力，其优劣直接影响市场主体的兴衰、生产要素的聚散、发展动力的强弱。这些年，我们持续推进“放管服”改革，营商环境明显改善。经济社会发展形势越是严峻，越要千方百计优化营商环境。要在常态化疫情防控前提下，对前期采取的一些应急管控措施该坚持的坚持、该完善的完善、该清理取消的清理取消，促进全面复工复产、复市复业。要进一步缩减市场准入负面清单，制定和完善行政许可事项等清单，清理规范备案、登记等管理措施，坚决防止变相审批。经营场所是企业登记注册的核心条件之一，目前一些地方对中小微企业、个体工商户登记注册时提出的经营场所要求过高，增加了创业难度、抬高了创业成本。《报告》要求放宽登记经营场所限制，便利各类创业者注册经营、及时享受扶持政策。要深化“证照分离”改革，使企业更便捷拿到营业执照并尽快正常运营，克服“准入不准营”的现象。推动更多服务事项一网通办，做到企业开办全程网上可办。公平竞争是市场经济的灵魂，只有公平竞争，才能使市场活而不乱，实现优胜劣汰，否则就会“劣币驱逐良币”。公平竞争有赖于公正监管。要健全公开透明的监管规则和标准体系，严格规范行政执法，以公正监管维护市场公平竞争，持续打造市场化、法治化、国际化营商环境。

*推进要素市场化配置改革。*完善的现代市场体系不仅包括发达的商品市场体系，还要有健全的要素市场体系。与商品市场相比，我国要素市场发育还不充分，存在市场决定要素配置范围有限、要素流动存在体制机制障碍、要素价格传导机制不畅等问题。这影响了市场对资源配置决定性作用的发挥，成为高标准市场体系建设的一个突出短板。深化要素市场化配置改革，是建设统一开放、竞争有序市场体系的内在要求，是坚持和完善社会主义基本经济制度、加快完善社会主义市场经济体制的重要内容。今年 3 月，党中央、国务院印发的关于构建更加完善的要素市场化配置体制机制的意见，就扩

大要素市场化配置范围、促进要素自主有序流动、加快要素价格市场化改革、健全要素市场运行机制等进行了全面部署。《报告》对推进资本、土地、人才、技术、数据等要素市场化配置改革提出了要求。

提升国资国企改革成效。今年要实施国企改革三年行动，提高国有企业活力和效率。要加快形成完善的中国特色现代企业制度，完善公司治理结构，健全市场化经营机制。要完善以管资本为主的国有资产监管体制，推行出资人监管权责清单管理。分层分类深化混合所有制改革。今年基本完成剥离办社会职能和解决历史遗留问题。推动国有经济布局优化和结构调整，聚焦发展实体经济，更好服务国家战略。要通过改革，增强国有经济竞争力、创新力、控制力、影响力、抗风险能力，做强做优做大国有资本和国有企业。

优化民营经济发展环境。民营经济是创业就业、技术创新的重要主体和国家税收的重要来源。要全面落实党中央、国务院关于支持民营企业改革发展的各项举措，营造公平竞争的市场环境、精准有效的政策环境、平等保护的法治环境。要保障民营企业平等获取生产要素和政策支持，清理废除与企业性质挂钩的不合理规定。要限期完成清偿政府机构、国有企业拖欠民营和中小企业款项的任务。《报告》强调，构建亲清政商关系，促进非公有制经济健康发展。要健全政企沟通机制，完善涉企政策制定和执行机制，及时帮助民营企业解决遇到的困难和问题，提振企业家发展信心。

推动制造业升级和新兴产业发展。制造业是一个国家经济的骨架，代表着综合实力、核心竞争力和抗风险能力。经过多年努力，我国成为世界第一制造大国，是全世界唯一拥有联合国产业分类中全部工业门类的国家，但总体上看，制造业大而不优、大而不强，仍处于全球产业链的中低端。当前我国制造业发展面临严峻挑战，投资增长低迷、生产成本上升、产业链供应链循环受阻，亟待加快转型升级。《报告》要求，支持制造业高质量发展。要加快补齐制造业产业链短板，优化供应链布局，提升产业基础高级化、产业链现代化水平，大幅增加制造业中长期贷款。要发展工业互联网，推进智能制造，推动制造业向数字化、网络化、智能化、绿色化转变。发展研发设计、现代物流、检验检测认证等生产性服务业。近些年，我国新产业、新业态、新模式迅速成长，成为国民经济中最有活力、最具增长潜力的部分，不仅便利了群众生活，也为扩大就业提供了支撑。在这次抗击疫情中，电商网购、在线服务等新业态发挥了重要作用。如果没有这些新业态，疫情期间实行居家抗疫、隔离观察、小区封闭等很多管控措施都会增加难度。《报告》明确，要继续出台支持政策，全面推进“互联网+”，打造数字经济新优势。

提高科技创新支撑能力。科学技术是第一生产力，无论是抗击疫情，还是做好“六稳”“六保”工作，促进高质量发展，都离不开强有力的科技支撑。基础研究是科技创新的源头和先导。从世界科技发展史看，凡具有颠覆性、突破性的重大科技创新，都是基于基础科学的长期积累。这些年，我国在应用技术领域进步迅速，一些方面走在国际前列，但基础研究与世界科技强国相比还有较大差距，这是我国原始创新成果少的重要原因。《报告》提出，要稳定支持基础研究和应用基础研究，引导企业增加研发投入，促进产学研融通创新。各级财政要继续加大对基础研究投入，完善基础研究经费拨付和管理办法，大幅度提高稳定支持比例。同时，要落实和完善相关政策，引导企业加大研发投入特别是基础研究投入，形成支持基础研究的合力。完善关键核心技术攻关新型举国体制，加快建设国家实验室，重组国家重点实验室体系，发展社会研发机构。深化国际科技合作，广泛汇聚和利用全球创新资源。加强知识产权保护，健全知识产权侵权惩罚性赔偿制度，促进发明创造和转化运用。科技创新本质上是人的创造性活动。要围绕调动科技人员积极性、创造性，改革科技成果转化机制，畅通创新链，营造鼓励创新、宽容失败的科研环境。《报告》提出，要实行重点项目攻关“揭榜挂帅”，谁能干就让谁干。英雄不论出处，要在更多领域把需要攻关和转化的重大项目张出榜来，谁有本事谁就揭榜。这是深化科技体制改革的重大举措，有利于加快创新步伐，也有利于优秀人才脱颖而出。

深入推进大众创业万众创新。我国拥有世界上规模最大的人力人才资源，具有无限的创新创造潜能，只要充分释放出来，就能形成推动发展的强劲动力。《报告》提出了促进创业创新的扶持政策，包括支持创业投资和股权投资发展，增加创业担保贷款，深化新一轮全面创新改革试验，新建一批双创示范基地等。这些年，我国很多新业态新模式的快速发展，很大程度上得益于包容审慎监管方式。《报告》强调，要坚持包容审慎监管，发展平台经济、共享经济，更大激发社会创造力。我们既要支持探索创新，又要注意防范风险。对那些看得准的新生事物，要量身定制监管模式，给予足够的成长空间，不能削足适履，坚决取消各种不合理限制。对有些一时看不准的，也要多观察，不要一上来就管死。对那些潜在风险大、有可能造成严重不良社会后果的，要严格监管，发现问题果断出手。

（三）实施扩大内需战略，推动经济发展方式加快转变。我国内需潜力蕴藏在很多方面。《报告》提出了实施扩大内需战略的系统框架和路径，要求深化供给侧结构性改革，突出民生导向，使提振消费与扩大投资有效结合、相互促进。

推动消费回升。收入水平和收入预期是影响消费的重要因素。《报告》指出，要通过稳就业促增收保民生，提高居民消费意愿和能力。要优化消费环境，提供消费便利，支持餐饮、商场、文化、旅游、家政等生活服务业恢复发展，改造提升步行街。发展消费新业态新模式，推动线上线下融合，大力发展新零售，培育消费新增长点。过去相当长一段时间，汽车消费持续增长，对拉动消费增长发挥了重要作用。目前我国每千人汽车保有量为 170 多辆，不仅低于主要发达国家，也低于一些新兴市场国家，仍有提升空间。近几年汽车消费增速放缓的一个重要原因是城市停车位严重不足。《报告》提出，要促进汽车消费，大力解决停车难问题。我国老年人口数量多、老龄化速度快，60 岁以上老年人口已达 2.5 亿，且以每年几百万人的速度增长，养老服务供给不足问题突出。实施全面两孩政策后，托幼服务需求猛增，而供给严重不足。要想群众之所想、急群众之所急，加快发展养老、托幼服务。随着生活水平提高和健康观念增强，人民群众对健康产品、健康服务的需求持续增长。我们要因势利导，发展大健康产业，增加健康产品和服务供给，创新服务模式，更好满足群众多层次、多元化、个性化的健康需求，把健康产业打造成国民经济的支柱产业。近几年，农村消费较快增长，仍有很大潜力。要支持电商、快递进农村，拓展农村消费。只要解决好民生关切，消费潜力就会不断释放。

扩大有效投资。我国发展中还有许多短板弱项，扩大有效投资空间广阔。最近一段时间，各方面对扩大有效投资有共识，但对重点投向有不同看法。《报告》立足推动经济高质量发展、满足人民群众需求，统筹考虑促消费惠民生、调结构增后劲，提出了把“两新一重”建设作为投资重点。一是加强新型基础设施建设。这旨在激发新消费需求、带动新兴产业壮大、助力传统产业转型升级。《报告》提出了两个方面的重点。一方面是发展新一代信息网络、拓展5G应用、建设数据中心，这有利于壮大数字经济，促进信息消费、智能消费等新产业新业态发展，更好满足群众对数字生活的新需求。另一方面是增加充电桩、换电站等设施，推广新能源汽车。近些年，为促进新能源汽车生产和消费，我们出台了一系列鼓励政策，新能源汽车产业较快增长。目前我国已经成为世界最大的新能源汽车生产和销售市场。但充电桩建设不足、充电不方便，是制约新能源汽车消费的一个重要因素。要科学规划充电桩布局，提高城市郊区、高速公路充电桩密度。二是加强新型城镇化建设。县城是新型城镇化的重要载体，也是联结城乡的重要节点。现在越来越多的农民选择到县城就业安家、安排子女上学。要大力提升县城公共设施和服务能力，扩大容量、增强功能。城镇老旧小区量大面广，公共服务设施不健全，居民生活有诸多不便。推进老旧小区改造，要全面规划、系统推进，既要搞好市政设施等硬件的提升，也要注重物业服务等软件的改善，既要完善便民生活服务设施，也要将加强公共卫生等应急能力建设一并考虑，不断充实老旧小区改造内容，使社区真正成为承载美好生活、完善社会治理的基础单元。今年新开工改造城镇老旧小区3.9万个、涉及700万户。三是加强交通、水利等重大工程建设。增加国家铁路建设资本金1000亿元，支持沿江沿海高铁、城际铁路等项目建设。完善公路网骨干线路，加快普通国省干线、内河航运等项目建设。推进机场改扩建工程，开工一批支线机场项目。加快在建重大水利工程进度，新开工一批重大水利工程。为支持“两新一重”建设，《报告》提出，今年拟安排地方政府专项债券3.75万亿元，比2019年增加1.6万亿元，提高专项债券可用作项目资本金的比例，中央预算内投资安排6000亿元。要优选项目，不留后遗症，让投资持续发挥效益。民间投资占投资的大头，扩大有效投资必须调动民间投资积极性。《报告》强调，要健全市场化投融资机制，支持民营企业平等参与。

深入推进新型城镇化。以人为核心的新型城镇化，既可带动居民增加消费，又可拉动有效投资，是扩大内需的综合大平台和最大潜力所在。我国常住人口城镇化率虽然超过60%，但是远低于发达国家水平，特别是户籍人口城镇化率不到45%，一些常住人口尚未完全享受城镇基本公共服务，新型城镇化有很大的发展和提升空间。要深化户籍制度改革，使更多农业转移人口在城市安家落户，推动城镇基本公共服务覆盖未落户常住人口。要发挥中心城市和城市群综合带动作用，促进不同规模的城市和小城镇协同发展，培育产业、增加就业，提高城市综合承载能力。坚持房子是用来住的、不是用来炒的定位，因城施策，促进房地产市场平稳健康发展。要完善便民、无障碍设施，让城市更宜业宜居。

加快落实区域发展战略。要统筹区域协调发展，改革完善相关机制和政策，促进要素合理流动、产业高效协同、供需有机衔接、比较优势充分发挥，构建带动全国高质量发展的新动力源。落实和完善推动西部大开发、东北全面振兴、中部地区崛起、东部率先发展的政策举措。深入推进京津冀协同发展、粤港澳大湾区建设、长三角一体化发展，打造世界级创新平台和增长极。落实长江经济带共抓大保护措施。编制黄河流域生态保护和高质量发展规划纲要。推动成渝地区双城经济圈建设。促进革命老区、民族地区、边疆地区、贫困地区加快发展。发展海洋经济。《报告》要求，要实施好支持湖北发展一揽子政策，支持保就业、保民生、保运转，促进经济社会秩序全面恢复。

提高生态环境治理成效。生态环境问题本质上是发展方式、经济结构和消费模式问题。推进生态环境治理，必须坚持标本兼治，着力解决突出问题，持续推动形成绿色发展方式和生活方式。要突出依法、科学、精准治污，增强污染治理的持续性、针对性、有效性。深化重点地区大气污染治理攻坚，加强工业、燃煤、机动车三大污染源治理。加强污水、垃圾处置设施建设，推进生活垃圾分类。优化环境治理方式，对企业既依法依规加强监管，又主动做好帮扶指导，防止简单粗暴关停。发展节能环保产业，是实现污染治理和经济发展的双赢之策。要完善价格、财税、金融等环境经济政策，引导社会资本进入环境治理领域，培育一批专业化骨干企业，做大做强节能环保产业。严惩非法捕杀、交易、食用野生动物行为。实施重要生态系统保护和修复重大工程，促进生态文明建设。要努力在高质量发展中实现高水平保护、在高水平保护中促进高质量发展。

保障能源安全。对我们这样一个人口众多的发展中国家来说，能源安全始终是关系全局的战略性问题。我国能源禀赋的特点是煤多、油少、气缺。这些年，我国石油、天然气消费量不断增长，对外依存度持续提高，2019 年分别为 70.8% 和 43%。当前，全球能源供需格局正在深刻调整，主要能源价格剧烈震荡，能源市场不稳定因素显著上升，给我国能源安全带来风险。当前和今后一个阶段，我国能源消费总量将继续增长，保障能源供应和安全任务艰巨，要系统谋划。要深入推进能源消费、供给、技术、体制革命和国际合作，发展多元能源供给。目前煤在能源消费中的比重仍接近60%，今后煤的消费占比会逐步下降，但以煤为主的能源结构短期内不可能根本改变。要在加强煤炭清洁高效利用上想办法、找出路，这既利于保障能源安全，也利于减少污染排放。要科学规划煤炭开发布局，加快输煤输电大通道建设，提高煤炭集中利用水平。发展水电、风电、光电等可再生能源，提高清洁能源消纳水平。要聚焦短板，加快推进石油、天然气、电力产供销体系建设，提高能源储备能力，增强油气安全储备和应急保障水平。

（四）确保实现脱贫攻坚目标，促进农业丰收农民增收。《报告》强调，要落实脱贫攻坚和乡村振兴举措，保障重要农产品供给，提高农民生活水平。

坚决打赢脱贫攻坚战。目前全国未摘帽的贫困县有52个，贫困人口超过1000人或贫困发生率超过10%的贫困村有1113个。要加大剩余贫困县和贫困村攻坚力度，推动政策、资金、帮扶力量予以倾斜，实施挂牌督战，及时帮助解决遇到的困难和问题，强化对特殊贫困人口兜底保障，确保贫困县如期摘帽、贫困村如期出列、贫困人口如期脱贫。务工收入是贫困家庭收入的主要来源，稳就业是巩固脱贫成果的关键举措。《报告》强调，对外出务工劳动力，要在就业地稳岗就业。开展消费扶贫行动，组织产销对接，解决贫困地区农畜产品销售难问题，支持扶贫产业恢复发展。在过去五年时间内，有近1000万贫困人口和约500万同步搬迁人口实现易地扶贫搬迁，这是人类历史上前所未有的壮举。要加强易地扶贫搬迁后续扶持，确保他们搬得出、稳得住、能致富。深化东西部扶贫协作和中央单位定点扶贫。为巩固和拓展脱贫成果，要继续执行对摘帽县的主要扶持政策，扶上马、送一程。习近平总书记指出：“脱贫摘帽不是终点，而是新生活、新奋斗的起点。”要接续推进脱贫与乡村振兴有效衔接，让脱贫群众迈向富裕。

着力抓好农业生产。解决好十几亿人口的吃饭问题，始终是头等大事。今年经济社会发展面临的困难增多，保障粮食等重要农产品有效供给，对于稳定物价、保障群众基本生活、保持社会大局稳定具有特殊重要的意义。从目前看，今年粮食供给是充裕的，稻谷、小麦库存量能够满足一年以上的消费需求，现在夏粮丰收在望。其他大部分主要农产品供需基本平衡。但要看到，我国农业生产基础尚不稳固，抗御各类灾害的能力不强，农产品产量存在波动，目前少量品种还存在结构性的供给紧缺问题，特别是猪肉价格仍处高位。农业生产任何时候都不能放松。《报告》要求，稳定粮食播种面积和产量，提高复种指数，提高稻谷最低收购价，增加产粮大县奖励，大力防治重大病虫害。加强粮食生产能力建设，新建高标准农田 8000 万亩。非洲猪瘟等疫病对养殖业影响大，要有力有效加强疫病防控，促进生猪生产恢复和畜禽水产养殖发展。加快农业科技改革创新，大力发展现代种业，加强先进实用技术推广。健全农产品流通体系，加强农产品市场调控，保持市场价格基本稳定。压实“米袋子”省长负责制和“菜篮子”市长负责制，加强考核监督。《报告》强调，14 亿中国人的饭碗，我们有能力也务必牢牢端在自己手中。

*拓展农民就业增收渠道。*务工收入是农民增收的大头。对外出农民工，要落实在就业地平等享受就业服务政策。支持农民就近就业创业，加强农民职业技能培训，提高农民就业创业能力。支持农产品深加工，完善乡村产业发展用地保障政策，促进一二三产业融合发展，扩大以工代赈规模，增加就业岗位，让返乡农民工能打工、有收入。《报告》提出，扶持适度规模经营主体，加强农户社会化服务。规模经营是现代农业发展方向，要积极稳妥推进。我国人多地少，小规模农户经营将长期存在，要尊重农民意愿，保持土地承包关系稳定并长久不变，健全面向小农户的社会化服务体系。我国城乡发展差距，主要体现在农村基础设施和公共服务滞后。《报告》要求，增加专项债券投入，支持现代农业设施、饮水安全工程和人居环境整治，持续改善农民生产生活条件。

（五）推进更高水平对外开放，稳住外贸外资基本盘。面对外部环境复杂变化，我们要坚定不移扩大对外开放，稳定产业链供应链，以开放促改革促发展，完善开放型经济新体制，培育国际经济合作和竞争新优势。

促进外贸基本稳定。当前，我国外贸企业特别是中小企业生产经营面临巨大压力。国际市场需求萎缩，国外订单大幅减少，运营成本急剧增加，部分企业存在资金链断裂风险。外贸行业直接和间接吸纳1.8亿人就业，稳外贸事关就业民生，必须加大政策扶持力度。《报告》围绕支持企业增订单、稳岗位、保就业作出了部署安排。要引导金融机构加强和改进对外贸企业的服务，加大信贷投放，防止资金链断裂。扩大出口信用保险覆盖面，为出口企业提供风险保障，做到应保尽保。加快落实出口退税政策，简化出口退税手续，确保企业及时拿到退税款。提升通关效率，降低进出口合规成本，提升贸易便利化水平。提高国际货运能力，加快跨境物流体系建设。要发挥强大国内市场优势，支持出口产品转内销，落实和完善相关扶持政策，引导出口企业开发面向国内市场的产品，加强与电商平台、批发零售企业、大型商超对接，构建内销网络体系。近年来，我国跨境电商进出口持续快速增长，成为外贸发展新亮点。当前传统外贸受到疫情较大冲击，要更大发挥跨境电商独特优势，以新业态助力外贸发展。《报告》要求，加快跨境电商等新业态发展。今年要在已设立59个跨境电商综合试验区基础上，再新设46个跨境电商综合试验区。推进新一轮服务贸易创新发展试点。中国国际进口博览会成功举办两届，成为扩大进口的重要平台。要继续筹办好第三届进博会，积极扩大进口，为消费者提供更多选择、促进消费增长，促进产业升级、助力高质量发展。

积极利用外资。利用外资是我们的长期方针，对促进经济持续健康发展具有重要意义。当前全球跨国直接投资低迷，商务人员往来受限，我们要采取有力举措，优化外商投资环境，努力促进外商投资稳定增长、提升质量。近年来，按照只减不增的要求，我国外资准入负面清单几经修订，清单越来越短。2018年版保留的限制措施与2011年版相比减少约3/4，制造业基本放开，服务业和其他领域有序推进开放。2019年版外资准入负面清单进一步缩短了清单长度。其中，全国外资准入负面清单条目由48条减至40条，自贸试验区外资准入负面清单条目由45条减至37条。《报告》指出，要大幅缩减外资准入负面清单，出台跨境服务贸易负面清单，这展示了我国坚定不移扩大对外开放的鲜明态度。改革开放40多年来，经济特区在我国经济体制改革中发挥了“试验田”作用，在对外开放中发挥了重要“窗口”作用。在新形势下，要深化经济特区改革开放，使之更好担负起为全国改革开放探路开路的重任。《报告》

提出，赋予自贸试验区更大改革开放自主权，在中西部地区增设自贸试验区、综合保税区，增加服务业扩大开放综合试点。自 2018 年以来，海南开启了全面深化改革开放、全岛建设自贸试验区和探索建设中国特色自贸港的进程，取得了初步成效。《报告》提出，加快海南自由贸易港建设。今年要按照分步骤、分阶段建立自由贸易港政策和制度体系的要求，对标世界最高水平的开放形态，突出以贸易自由和投资自由为重点，实施市场准入承诺即入制，建立公平竞争制度，完善产权保护制度。2020 年 1 月 1 日起，新的外商投资法及其实施条例正式施行。要严格依法办事，加强外资促进和保护，加快与国际通行经贸规则对接，提高政策透明度和执行一致性，营造内外资企业一视同仁、公平竞争的市场环境。更加开放的中国大市场，将为各国企业提供更多发展机遇。

高质量共建“一带一路”。坚持共商共建共享，遵循市场原则和国际通行规则，完善政策、整合资源，发挥企业主体作用，鼓励地方积极参与，开展互惠互利合作，扎实抓好重大项目建设，积极拓展第三方市场合作，解决好金融支撑、投资环境、风险管控、安全保障等关键问题。要引导对外投资健康发展，创新对外投资方式，优化对外投资结构，提升风险防范能力。

推动贸易和投资自由化便利化。经济全球化符合世界各国的根本利益，是不可逆转的历史潮流。以世贸组织为核心的多边贸易体制，是当今国际经贸秩序的基石，其权威和效力应得到尊重和维护。《报告》强调，坚定维护多边贸易体制，积极参与世贸组织改革。推动签署区域全面经济伙伴关系协定，推进中日韩等自贸谈判。共同落实中美第一阶段经贸协议。中国致力于加强与各国经贸合作，实现互利共赢。

（六）围绕保障和改善民生，推动社会事业改革发展。保基本、兜底线是政府的重要职责。面对困难，基本民生的底线要坚决兜牢，群众关切的事情要努力办好。大力支持社会力量增加非基本公共服务供给，满足群众多层次、多样化需求。民生保障好，人心就稳，社会就稳。

加强公共卫生体系建设。针对这次疫情暴露出的短板和不足，《报告》就完善重大疫情防控体制机制、加强公共卫生应急管理体系等作出了部署。2003 年非典之后，我们初步构建起疾病预防控制体系、疫情信息直报系统，对于及时发现、报告和控制已知传染病发挥了重要作用，但也存在功能定位不清晰、疾病防治和应急处置能力不强等问题。总结这次新冠肺炎疫情防控中的经验教训，要改革疾病预防控制体制，坚决贯彻预防为主的卫生与健康工作方针，坚持常备不懈，将预防关口前移，加强传染病防治能力建设，完善传染病直报和预警系统，做到早发现、早报告、早隔离、早治疗。要依法实事求是、公开透明发布疫情信息，坚决查处瞒报行为。

要推进疫情防控基础设施和条件能力建设，用好抗疫特别国债，加大疫苗、药物和快速检测技术研发投入，增加防疫救治医疗设施，增加移动实验室，强化应急物资保障。要优化医疗卫生资源投入结构，加强农村、社区等基层防控能力建设，织密织牢第一道防线。加快公共卫生人才队伍建设，健全执业人员培养、准入、使用、待遇保障、考核评价和激励机制。深入开展爱国卫生运动，普及卫生健康知识，倡导健康文明生活方式，使健康促进成为全社会的自觉行动。目前疫情尚未结束，《报告》强调要大幅提升防控能力，坚决防止疫情反弹，坚决守护人民健康。

提高基本医疗服务水平。经过这些年的努力，我们已建立全国统一的城乡居民基本医保制度。在新冠肺炎患者救治中，这一制度发挥了重要保障功能，将患者及其家庭的医疗费用负担降到最低。《报告》提出，居民医保人均财政补助标准增加30元，提高医保保障能力。开展门诊费用跨省直接结算试点，便利流动人口和随迁老人。受疫情影响，很多医疗机构难以正常开展业务、收入大幅下降，《报告》要求给予扶持。深化公立医院综合改革。发展“互联网+医疗健康”。建设区域医疗中心。提高城乡社区医疗服务能力。推进分级诊疗。在抗击疫情过程中，中医药发挥了独特作用。要促进中医药振兴发展，加强中西医结合。食品药品质量关乎每一个人的身体健康和生命安全，今年还出现了“大头娃娃”等食品安全事件，《报告》强调，要严格食品药品监管，确保群众饮食用药安全。

推动教育公平发展和质量提升。教育寄托着亿万家庭对美好生活的期盼，教育公平是人生公平的起点。2020年全国普通高等学校招生统一考试延期一个月举行。《报告》对有序组织中小学教育教学和中高考工作提出了要求。针对义务教育发展不均衡问题，《报告》要求加强乡镇寄宿制学校、乡村小规模学校和县城学校建设，完善随迁子女义务教育入学政策。办好特殊教育、继续教育，支持和规范民办教育。针对学前教育资源短缺、民办幼儿园普遍面临困难问题，《报告》要求发展普惠性学前教育、帮助民办幼儿园纾困。以经济社会发展需要为导向，推动高等教育内涵式发展，推进一流大学和一流学科建设，支持中西部高校发展。《报告》强调，要稳定教育投入，优化投入结构，缩小城乡、区域、校际差距，让教育资源惠及所有家庭和孩子，让他们有更光明未来。

加大基本民生保障力度。养老金是老年人基本生活保障。今年继续上调退休人员基本养老金，提高城乡居民基础养老金最低标准。现在全国领取养老金人数近3亿，《报告》强调必须确保按时足额发放。今年我国虽然实施了社会保险缴费阶段性减免政策，基金收入有所减少，但确保养老金按时足额发放是有保障的。这个保障就在于我们有积累、有调剂、有补助、有储备。一是基金有积累。截至2019年年底，全国企业职工基本养老保险基金累计结余5万多亿元，总体支撑能力较强。减免社保费后，大部分省份累计结余仍然比较多，可以动用一部分结余以丰补歉。目前全国已有20个省份实现基金省级统收统支，在全省范围内调动使用基金的能力进一步增强。二是跨省有调剂。今年企业职工基本养老保险基金中央调剂比例从2019年的3.5%提高到4%。三是财政有补助。近年来，中央财政持续加大对基本养老保险基金补助力度，地方政府也对养老保险予以补助。四是长期有储备。从本世纪初开始，我国建立了社会保障战略储备基金，目前基金规模已达到2万多亿元。划转部分国有资本是社保基金的重要资金来源，截至2019年年底中央层面已完成划转国有资本1.3万亿元，今年年底前要全部完成划转工作。《报告》提出，要落实退役军人优抚政策，做好因公殉职人员抚恤。《报告》要求切实保障所有困难群众基本生活。扩大失业保险保障范围，将参保不足1年的农民工等失业人员都纳入常住地保障。扩大低保保障范围，对城乡困难家庭应保尽保，将符合条件的城镇失业和返乡人员及时纳入低保。对因灾因病因残遭遇暂时困难的人员，都要实施救助，尽可能帮助他们解决就业和生活难题，坚决防止冲击社会道德底线的事件发生。

《报告》对丰富群众精神文化生活、加强和创新社会治理、强化安全生产责任、加强政府建设等作出了部署。《报告》还要求编制好“十四五”规划，对做好民族宗教侨务工作、国防和军队建设、港澳和对台工作、外交工作等作了阐述。

习近平总书记深刻指出，“中华民族历史上经历过很多磨难，但从来没有被压垮过，而是愈挫愈勇，不断在磨难中成长、从磨难中奋起。”我们坚信，在以习近平同志为核心的党中央坚强领导下，在习近平新时代中国特色社会主义思想的科学指导下，全国人民同舟共济、砥砺奋进，一定能夺取今年疫情防控和经济社会发展的双胜利，实现全面建成小康社会目标，迈向新的伟大征程。

（作者系国务院研究室党组书记、主任）

一、持续深化“放管服”改革

在深化“放管服”改革中积极探索推行承诺制

王晓丹　乔尚奎

当前，持续推进“放管服”改革，迫切需要探索以新的治理方式来破解难题，承诺制就是一项非常有效的创新举措。近期，我们结合对部门和地方的调研，对探索实行承诺制情况进行了研究。报告如下：

一、承诺制是政府治理理念和方式的创新，对于深化“放管服”改革具有“牵一发动全身”的作用

承诺制主要是指企业或个人在办理行政许可和办事证明等事项时，按照政府部门设定的准入标准和条件，作出具有法律效力的书面承诺，表示将履行相关义务并承担不实承诺的法律责任，从而不需要或者可以延后办理相关手续和提供相关材料。同时，

政府部门要对承诺履行情况进行核查和监管，并对失信者予以行政处罚或追究法律责任。概括来说，承诺制是由政府定标准、企业或个人作承诺、过程强监管、失信有惩戒的管理模式，从理念到方式都与传统审批发证有很大不同。从实践看，承诺制主要有三方面作用：

一是能大幅提高审批服务效率、降低企业成本，有助于激发市场主体活力。在生产、经营、投资等各环节，以企业承诺替代政府审批，或将审批核查过程后置，能够有效解决传统审批流程繁、耗时长等突出问题，大大缩短审批时间，降低企业制度性交易成本。这有利于提升投资创业的积极性和市场主体的活跃度，增强营商环境的吸引力和竞争力。

二是能清晰界定政府和企业的权责关系，有助于推进政府职能转变。告知承诺书载明了政府与企业的权利和义务，是两者平等地位和市场契约精神的体现。一方面，充分落实企业自主权和主体责任，政府不再越俎代庖，代替企业就生产品种、经营范围、技术路线等进行论证和决策，企业通过自律确保守法合规经营和质量安全。另一方面，明确政府对等责任，就是制定承诺标准和加强事中事后监管，这就使政府职能更加聚焦，有利于构建新型政府与市场关系。

三是能有效强化诚信意识，有助于推动社会信用体系建设。市场经济是信用经济，而信用正是实施承诺制的基础。对所有市场主体事先不作“有罪推定”，而是根据遵守承诺的情况，对守信主体一路绿灯，对失信主体实施严惩，倒逼其履约践诺。这既有利于完善各类市场主体的信用记录，也有利于推动守信用、重承诺成为社会共识和通行法则。

二、把实行承诺制作为深化“放管服”改革的重要举措，在更多领域、更大范围推动应用

随着“放管服”改革的不断深化，继续以传统方式压减审批、实施监管和服务，遇到不少难题甚至阻力，亟须变换思路、创新方式，为改革打开新的空间。近年来，一些部门和地方纷纷探索实施承诺制，已经取得了重要进展。生产和经营许可方面，有关部门规定对部分实施工业生产许可证管理的产品，企业作出质量安全承诺后即可领证，但须在规定时间内接受现场审查。“证照分离”改革中，对涉及的经营许可事项，按照直接取消审批、审批改为备案、实行告知承诺、优化审批服务这四类进行管理，其中实行告知承诺的事项也是先承诺领证再现场核查。投资和建设项目审批方面，一些地方试点推行投资项目承诺制，探索形成了边建边审、“容缺审批”等创新模式。在工程建设项目审批制度改革试点中，也明确要求可以根据现实条件，对规划许可等事项实行告知承诺制。群众办事方面，一些地方探索以个人承诺取代部分证明事项，简化了办事流程。除此之外，市场监管领域以企业年报公示取代年检、强制性认证中开展企业自我声明、企业和个人享受税收优惠时实行自行申报和资料留存备查等，其性质也与承诺制类似。同时，实行承诺制也是国际通行的做法，像新加坡和西欧一些国家，都在企业经营、项目建设、纳税申报等方面广泛采用了承诺制，并有比较完备的制度和监管保障。

承诺制在深化改革实践中发挥了积极作用，显示出巨大潜力，在“放管服”改革的很多领域，都有广阔的应用前景。下一步，要更加广泛深入地推行承诺制，为更多“放管服”改革难点堵点

破题。

一要加大重点领域实行承诺制的力度。目前在已实施承诺制的一些领域，拟采用承诺制办理的事项总量还不多，比如根据有关部门梳理的情况，“证照分离”改革涉及的526项经营许可中，只有60多项拟采取告知承诺制。事实上，除了影响国家安全、生态安全、公众生命健康的事项，以及涉及重大第三方利益且事中事后监管难以纠正的事项外，都可以广泛采用承诺制。下一步，要抓住“证照分离”改革、工程建设项目审批、证明事项压减等重点领域，根据实际情况调整增加实施承诺制的事项数量。要总结经验，扩大试点范围，促进更大力度压减审批和审批提速。

二要在更多审批服务领域推广承诺制。要加强研究论证，积极推动承诺制向其他政府审批服务拓展。比如在资质资格审批认定方面，可以探索实行承诺制以减少审批材料，今年相关部门就将在建筑企业资质审批上试点应用告知承诺制。再比如，在科研资金管理方面，可以探索以项目资金用途承诺代替大量填报审核，扩大科研单位自主权。在货物通关方面，可以探索对企业信用高、商品风险低的进出口货物实行申报时承诺、“先放后验”、加快放行，促进贸易便利化。

三要推进承诺制在监管执法领域应用。比如美国等国家在环境监管中，监管部门对于通过自我声明、主动披露方式承诺达到排污标准的企业，尽量减少检查；对于发现的轻微环境违法行为，也往往不立即处罚，只要企业承诺并做到在一定期限内整改纠正，即可减轻或免于处罚。这些做法推动了执法处罚的简化和柔性化，取得了较好效果。可以借鉴其经验，通过推行承诺制，使有限的监管执法资源发挥最大效用。

三、加快建立完善推行承诺制的基础制度和配套措施

从当前探索实行承诺制的实践看，还有一些突出问题亟待解决，要通过不断完善相关制度措施，来确保承诺制顺利落地，并保证实施效果。

一要做好标准制定与告知工作。“政府定标准”是实施承诺制的第一步，也是企业作出具有法定效力承诺的前提。目前，一些部门和地方对如何将厚厚的审批材料缩减为一张承诺表单感到为难，标准制定还有较大随意性，有的准入条件笼统空泛，有的告知事项不全不清，导致企业理解偏差、难以操作。比如有企业建造游泳池，政府要求的承诺事项条文中只说需配备两名救生员，但后期检查时又要求必须配备一男一女，企业被责令整改，反倒增加了额外成本。

建议国家有关部门和省级政府就承诺事项的标准制定问题建立工作指引和规范，实行承诺制的部门和单位应清晰完整地列出可操作可量化的承诺条件和标准，不设兜底条款，并一次性告知企业和个人。承诺标准应与实际监管和审查标准相一致，不能无限放大企业责任。要推动对承诺书内容进行公平竞争审查，避免出现随意设定承诺条件、规定不对等义务，甚至通过承诺制绕开法律法规、排除和限制竞争等问题。

二要加强并规范事中事后监管。宽进必须严管，要确保承诺制有力有效，关键是让监管硬起来。调研中发现，有的政府部门拿了签字的承诺书后就锁进抽屉、做甩手掌柜，对企业和个人履行承诺情况不管不问，导致有的申请者根本不看承诺条文、随意签字画押，致使承诺制流于形式。与此同时，还有的部门为规避

责任，又对承诺企业采取“重点”监管、区别对待。比如上海市某区在“证照分离”改革中有20多个事项可以选择告知承诺，但只有6个事项有企业申请办理，实际办理量仅占总办理量的约10%，与改革设想差距较大。企业反映主要是因为政府部门发证后还要进行全覆盖核查，由于担心被罚，企业反而选择审批方式拿证，认为这样就没人查了，更为保险。

建议通过实地核查、“双随机、一公开”抽查等方式，加强对履行承诺情况的监管，并在保护商业机密和个人隐私的前提下，推行承诺公示，以同业举报、社会监督等遏制和防范失信行为。在监管核查中，对大部分事项应以抽查为主，不必采取全覆盖核查，否则既查不过来也违背了承诺制的初衷。对选择告知承诺的企业要与通过一般审批程序的企业平等对待，不能只查前者不查后者，或者反复检查、选择式执法，干扰企业正常生产经营。

三要同步推进社会信用体系建设。社会信用是推行承诺制的基础，二者相互支撑、相互促进，必须把社会信用体系建设好，为承诺制实施提供基础条件。目前，我国信用体系还不完善，企业和个人信用信息还不能做到全部联网核查与共享，一些不法企业以承诺制来规避处罚，被查出来就一关了之、改头换面。另外，对于违背承诺的行为，不少部门和地方尚缺乏明确处罚规定和有效处罚手段，失信联合惩戒力度偏软，可能使部分申请者抱有侥幸心理。这些都会削弱承诺制的约束力和严肃性，也会损害政府的公信力。

建议加快推进企业和个人信用信息归集公示、联网核查、跨部门共享，不断完善个人信用档案。针对承诺制实施中的各种情况，研究完善具体处罚措施，对不实承诺的纳入信用记录、实施联合惩戒，对恶意作假或多次未按承诺履行义务的依法加重处罚。

四要强化法规制度保障。实施承诺制，必须通过完善法规制度来建立稳定预期，消除政府工作人员与市场主体的顾虑。目前，很多地方的承诺制改革是以规范性文件等方式推行的，相应的法律法规和部门规章等却未作调整，这使一些改革面临一定的法律风险。部分基层工作人员担心不按原来方式审批，将来企业出了问题，自己会被问责，主观上缺乏积极性。部分企业也担心承诺后会被找麻烦，对实施承诺制抱有观望、怀疑态度。现实中就有企业经地方政府同意，承诺先开工建设后补手续，却又因未办齐手续而被消防部门罚款的情况。

建议中央层面根据各地试点情况，及时修改完善承诺制相关法律法规；地方也要积极探索以地方性法规、政府规章等形式明确承诺制的法律责任。要详细列出对政府工作人员的履职要求，并对尽职行为进行免责。对企业按规定履行承诺义务却受到刁难甚至处罚的，要提供法律救济手段。

推进“双随机、一公开”监管
亟待解决的几个问题

刘军民　乔尚奎

“双随机、一公开”是监管理念和方式的重大创新，能有效防止随意检查、杜绝暗箱操作，也有助于增强监管威慑力和减轻企业负担。这项监管举措自2015年推行以来，成效日益显现，社会反响良好，实践证明是简约规范、公正有效的监管方式，但实施中也遇到一些新的情况和问题，亟待研究解决。

一、基层监管力量和手段跟不上，应高度重视加快补齐

根据随机抽样的基本原理，有效的抽样检查必须以大样本为基础，若达不到足够多的样本数量，随机就只能流于形式。目前全国大多数地区基层监管一线力量不够、执法人员普遍紧缺，使得随机抽取选派执法人员成为一大难题。有的市县市场监管领域的相关科室一般只配置两三人，执法检查人员被抽取的概率达到

100%，一些地方出现无法随机抽取执法人员的窘境，难以实现改革初衷。有的地方在整合组建执法队伍中，既有行政编制人员，也有事业编制人员，还有社会招聘人员，开展执法检查时需组合搭配，身份不同使得随机选派执法人员成为难题。随着事中事后监管责任的加重和监管事项的下放，基层监管力量与执法检查工作量不匹配的矛盾越来越突出，有的地方监管人员与监管对象比例甚至达到一比几千，很难保障随机抽查的效果。此外，基层执法人员业务素质、执法能力、装备条件也不能满足全领域执法的需要。随着跨部门联合“双随机、一公开”监管的推行，不同部门多个抽查事项特别是专业性较强的执法事项被整合进一次执法检查，这对监管者的专业素质和综合能力提出了很高的要求，基层执法人员在实施跨领域跨部门执法时，普遍存在着“业务不懂、检查不会、监管不能”的突出问题。

监管方式与监管资源相匹配、相适应，是保障监管效能的重要前提。“双随机、一公开”监管改革使基层监管力量不足的问题进一步显现、矛盾更加突出。对此，一要推进监管资源向基层下沉。随着市场监管领域有关监管职能向基层下放，要相应推进专项经费、人员编制、技术设备的同步下放，加快充实基层一线监管力量。二要提升监管人员能力。系统组织开展监管执法业务培训，通过集中培训、经验交流等方式，加快监管人员技能提升，培养“一专多能”的监管人才队伍。同时要妥善解决不同身份人员执法资格的问题，加强队伍整合、统筹调配使用。也可以政府购买服务等方式吸纳有关领域专家、技能人才等充实监管力量。三要加强财力保障和条件支撑。各级财政要按照分级管理、分级负担的原则，将监管执法经费纳入财政预算全额保障，满足执法工作需要。开展基层监管能力规范化建设，就执法检查装备配置、技术手段、信息化水平等方面研究制定统一的标准，明确分级保障责任并落实到位，提升基层一线专业监管能力和综合执法水平。

二、追责问责机制不匹配，亟待明确监管责任边界和免责标准

地方普遍反映，追责问责机制不协同、不配套是影响“双随机、一公开”监管的重大困扰。基层执法人员对查到什么程度才算履职尽责心里没底，如果实施随机抽查，未被抽查到的企业出现违法违规经营问题特别是发生安全生产事故后，监管部门和执法人员可能会被追责问责。在这种情况下，一些地方监管执法部门为降低被问责追责的风险，在推行双随机抽查的同时仍部署拉网式、地毯式排查，一手双随机、一手全覆盖，将双随机抽查监管与日常巡查式监管并行实施、双管齐下，这就违背了改革初衷，导致检查过多过乱的现象不仅没有减少，反而有所加重。

针对上述情况，建议按照“尽职照单免责、失职照单问责”的基本精神，加快建立健全执法考核制度和免责办法细则，尽快明确监管履职的具体标准和评判界线，及时消除监管人员的担忧。对严格依据抽查事项清单和相关工作要求开展“双随机、一公开”监管，市场主体出现问题的，应结合执法检查人员工作态度、工作程序方法、客观条件等进行综合分析，该免责的依法依规免予追究相关责任，为高效公正执法营造良好制度环境。各地区、各有关部门应结合所在地区和行业的实际情况，细化相关领域监管履职免于追查监管责任的具体情形、标准和实施办法，做到既依法严格问责追责，又保护基层执法检查人员担当作为、干事创业的积极性。

三、跨部门随机监管实施条件不配套，需加快统一制度和平台、打造有效载体

跨部门联合抽查监管是防止多头多层执法、重复交叉检查的有效手段，但离不开有效的实施条件和支撑平台。目前，“双随机、一公开”尚缺少统一的监管工作平台，各部门各条线基本上是自建系统、各自为政，使得数据信息共享、执法资源统一调配均存在一定障碍。尽管市场监管领域有关部门都编制了“一单两库一细则”（随机抽查事项清单，检查对象名录库、执法检查人员名录库，抽查工作细则），但由于不同地区、不同部门之间检查事项内容、执法标准、执法文书以及抽查程序、比例和频次要求等差异较大，导致目前参与联查联管的部门数量不多，跨部门联合检查的领域比较有限，离“进一次门、查多项事”的工作要求还有不少差距。

为此，建议加快统一制度和平台建设，为跨部门“双随机、一公开”监管实施打造有效载体，提供有力支撑。一是从国家层面加强对“一单两库一细则”制度的指导规范。对抽查实施范围、事项清单、抽取比例、操作规程、结果处置、信息披露等具体事项予以统一规范，避免部门之间和层级之间各行其是、互不衔接。市场监管总局会同市场监管领域各部门制定本部门随机抽查事项清单，在此基础上制定联合抽查事项清单，实现一张清单覆盖所有市场主体、所有检查事项。二是抓紧整合各类市场监管平台。以国家企业信用信息公示系统和全国信用信息共享平台等为依托，加快形成跨部门、跨层级的“双随机、一公开”综合监管平台，实现检查对象、执法人员随机抽取、检查结果自动归集公示，推

动抽查检查结果互认共享，增强监管协同性。

四、随机抽查在有效覆盖和监管针对性上还有欠缺，应加强与其他监管方式的协同配合、形成监管合力

基层反映，“双随机、一公开”监管对市场主体的检查概率相同，克服了检查随意任性，促进了监管公平公正，但也存在着制度效力覆盖不到的地方。主要是一个地方严格实行双随机监管后，检查对象随机确定，执法人员照单执行，计划之外无检查，这就导致检查人员明知一些企业可能存在违规经营问题，但却不能主动去检查，在客观上会助长某些违规经营的市场主体的侥幸心理。此外，一些无证经营、证照不齐、黑作坊等由于没有取得合法市场经营主体资格，也就没有列入检查对象名录库，反倒可能使他们成为监管盲区。

要看到，“双随机、一公开”虽是科学的监管模式，但也不可能单打独斗、包打天下，只有多种监管方式相互衔接、紧密配合，才能形成监管合力，最大程度提升监管效能。一要与重点监管相协同。如果说“双随机、一公开”主要是针对众多市场主体“面上”监管的覆盖，那么对违法违规线索等“点上”问题的查处就要通过重点监测、专项检查等方式来解决。在将“双随机、一公开”作为市场监管的基本手段和方式并形成全覆盖、常态化管理机制的同时，要加强重点监管，对社会高度关注的疫苗、药品、特种设备等领域，要实行全主体、全品种、全链条严格监管；对制售假冒伪劣、虚假广告、侵犯知识产权等违法违规行为，要用重典依法严惩。二要与信用监管相结合，实施风险分类分级监管。对信用等级低、投诉举报多、风险高的行业和领域要增加抽

查频次、加大抽查比例，对高风险市场主体可列为重点监管对象，实行定向抽查。在按抽查计划做好“双随机、一公开”监管的同时，对通过投诉举报、转办交办、数据监测等发现的具体问题线索，要及时启动执法检查程序，针对性地实施“靶向”精准检查，查实后依法依规处理。

五、相关法律法规不适应，应推动立改废释、推进“双随机、一公开”监管法治化

“双随机、一公开”监管作为一项监管制度创新，目前主要是以国务院文件和部门规章来提出要求、作出部署，尚未在有关法律法规中得到体现。现行涉及市场监管领域的法律法规和相关部门规章，大多数都是在普查制、巡查制下制定的，它们对相关领域的监管执法方式、检查范围和频次等都有明确要求，有的要求进行日常巡查、定期检查，有的要求有针对性地专项检查、重点检查，还有的要求全覆盖、拉网式排查。

对此，建议从国家层面研究制定“双随机、一公开”监管法律法规，对抽查制度的法律地位、实施范围、与其他监管方式的关系、随机抽查后的监管责任等进行明确，确立“双随机、一公开”监管的基础性地位，妥善解决制度层面的冲突问题。有关部门也要系统梳理本领域涉及行业监管的法律法规和规章制度，按照“双随机、一公开”监管的理念和原则，推动修订完善相关条款，为实施随机监管提供有力法规支撑。

新业态新模式包容审慎监管存在的问题与建议

李钊　张军立

2019 年《政府工作报告》提出，坚持包容审慎监管，支持新业态新模式发展，促进平台经济、共享经济健康成长。近日，我们就包容审慎监管实施情况，与网约车、外卖配送、共享单车、互联网 + 医疗、互联网 + 教育、共享民宿、货运平台、共享办公等行业企业和国家信息中心分享经济研究中心进行座谈，听取他们的意见建议。总体看，当前新业态新模式继续保持高速增长，2018 年共享经济交易额突破 2.9 万亿元、同比增长 41.6%，约 7500 万人参与提供服务，在改善市场供给、促进灵活就业、培育壮大新动能等方面的作用日益凸显。

企业普遍反映，近年来政府大力推行包容审慎监管，对新业态新模式蓬勃发展起到了关键作用，期盼能够持续推行；同时，这一新型监管理念在贯彻实施中也存在一些具体问题，有的部门和地方对包容审慎监管的理解把握尚不到位，说起来相对“包容”、干起来趋于“审慎”，不出问题相对“包容”、出现问题过于“审慎”，有的政策措施与新业态新模式不适应、不配套，甚至对行业发展产生较大制约。这些问题应及时予以解决，释放包容审慎监管更大的制度优势。

一是套用传统监管模式抑制产品和服务供给。某网约车企业反映，我国对网约车基本延续了传统出租车管理框架，所有司机要按照专职门槛合规，所有车辆要转为运营性质。该公司网约车平台上有1100多万名司机，其中90%以上属于兼职，90%以上车辆为私家车。以一辆10万元的车为例，改营运后保险费用每年增加5000—8000元，残值折旧损失1.5万—2万元，成本大幅增加，导致兼职司机大规模退出。今年一季度，平台月均活跃司机同比减少200万人、降幅高达40%，近1/3的客户订单得不到满足，打车难、打车贵问题再次出现。某网络订餐配送企业反映，小餐饮、夫妻店是我国餐饮门店的主体，提供了上千万个就业岗位，但部分地方仍以店面营业面积为标准，限制小餐饮开展网上订餐配送，很多小餐饮无法借助网络扩大营业规模。某网络教育企业反映，考虑到交通、安全等问题，线下培训时间一般不得晚于晚上8点半，但这一规定经常被照搬到线上培训，限制了线上培训的灵活优势。

二是部分领域资源共享面临制度障碍。网约车行业，我国2016年出台管理暂行办法，在全球率先承认网约车合法地位。但各地实施细则大多层层加码，不同程度抬高准入门槛，设置了比出租车更为严苛的限制。例如，90%以上的城市设置了车龄、价格、轴距、排量等多重限制，170个城市要求车龄低于3年，50多个城市要求车价超过12万或者是当地出租车价格的1.5倍，这些要求与出行安全、服务质量并无明显关系，却把大量闲置私家车排除在外。互联网医疗行业，部分医院明令禁止医生参与互联网医疗服务，认定在线服务收入不合法，一些大城市、好医院的优质医疗资源无法共享。共享办公行业，大量厂房、仓库、车库长期闲置，要注册为众创空间，需要改变土地性质、建设规划等，实际操作中困难重重。

三是属地管理与平台经济特点不相适应。平台经济天然具有“一个平台、全国布点”的经营模式，与现行属地化、多层级的监管体系之间的矛盾日益凸显，一城一策、一区一证等问题普遍存在，增加企业制度性交易成本。在准入方面，多个行业需要在经营所在地设立分公司并取得行政许可，甚至每个区、县都要单独申请，往往又要求提供营业执照、法人身份证和公章等原件，必须逐个城市递送材料等待审批。在监管方面，各地对待新业态新模式的态度不尽相同，政策自由裁量权过大，监管执法存在差异，同样的经营模式，换个地方、换个部门就可能会面临处罚或停业。

四是政策出台操之过急、“一刀切”。部分政策未充分考虑市场实际情况，或过渡期不足，或不符合业态创新需求。例如，教育部 2018 年 8 月底下发通知，要求未取得教师资格的学科类教师，应于 2018 年下半年报名参加考试，未通过的不得继续从事相关培训工作。教师资格考试上下半年各一次，通知印发时距下半年考试报名仅一周时间，部分从业人员收到通知时报名已经截止，只能等待第二年再报名，其间按规定就不能再被聘用。再如，《网络平台道路货物运输经营管理办法（征求意见稿）》关于驾驶员、车辆、托运人等信息保密方面，无论是否取得用户同意，笼统要求平台企业“不得使用相关信息开展其他业务”，实施后将造成数据资源浪费，妨碍企业创新。

五是监管执法方式有待优化。新业态新模式成长过程中，难免产生一些新的问题，例如共享单车乱停乱放、共享出行安全、共享民宿扰民等，需要予以治理规范，但不能简单地一罚了之、一关了之。某共享住宿企业反映，虽然国家多次出台政策鼓励共享住宿、在线短租等新业态发展，但去年以来，多个城市公安部门以非法经营黑旅馆、日租房名义拘留房东，数千名房东受到处罚，打击了房东和房客参与共享经济的热情。某网络订餐配送企业反映，部分城市对共享单车随意收走，有的需要花钱“赎回”，有的被弃置、损毁，企业财产权得不到有效保障。

六是保障消费者权益和公平竞争秩序存在缺位。去年以来，部分共享单车企业破产或经营困难，上千万用户的押金难以退回。应该说，有关部门在行业发展初期就注意到这个风险，并作出原则性规定，但缺乏实质性监管措施，巨额押金在很大程度上可由企业任意挪用，最终导致问题集中爆发，消费者利益受损。部分行业在资本驱动下出现过度补贴、恶意竞争，造成重复投入、资源浪费；部分企业通过兼并重组，形成“一家独大”的市场垄断地位，挤占从业人员和消费者利益，不利于社会利益最优化和行业健康发展。

七是税收等优惠政策难以落地。行业类别不明确，是新业态新模式企业经常遇到的问题。某共享办公企业反映，2016 年国家税务总局调研后，明确众创空间可以采用现代服务业 6% 的增值税税率，但由于没有下发“红头文件”予以明确，税务发票系统中找不到对应的行业类别，很多地方税务部门仍按照房地产或租赁业的较高税率进行征收。某网络货运平台企业反映，公司平台上的 650 万认证司机基本上是个体运输户和挂靠司机，他们处于增值税抵扣第一链条，但通常无法提供运费发票，进而无法开具增值税发票，导致公司缺少足额发票作为抵扣项，增加了企业的税收负担。

八是政府与企业双向数据共享渠道不畅。大数据是共享经济、平台经济的核心资源，监管部门需要企业数据以及时发现问题、实施针对性监管，企业需要公安、交管、征信、金融等部门数据，对司乘、从业人员、房东等进行安全审核，以及利用相关公共数据资源不断创新和优化服务。但在实际中，这一双向共享通道并未形成，监管部门要企业数据容易，各级部门均可要求企业提供数据，甚至每单经营数据都要实时上报；而企业想得到部门数据却很难，有的需要通过第三方购买，时效性还得不到保障。

客观地看，新业态新模式的迅速崛起，对传统的市场治理结构产生巨大冲击，引发了从法律到监管再到公共安全等一系列调整。包容审慎监管作为一项“新事物”，涉及监管理念、机制和方法的系统创新，面临着该不该管、什么时候管、谁来管、如何管等现实问题，需要在实践中不断探索完善。针对企业反映的主要问题，我们提出建议如下：

第一，更多考虑行业特点，把好政策法规制定关。对待新业态新模式发展，要少用旧框框审视，多用新视角观察，使监管理念跟上市场创新的节奏。制定政策要广泛听取各方意见，兼顾新旧业态平衡，统筹创新发展与公共资源，适应新业态共享属性、兼职特点，特别要突出就业优先政策，把促进就业、保障民生需求作为重要考量。出台政策要把握时机，优惠扶持政策要及时明确、力争“一竿子插到底”，合规监管政策要留足过渡期，不必急于求成。同时，要完善政策跟踪评估机制，密切关注实施效果和各方反应，针对群众反映强烈的突出问题，及时对现有政策进行检讨，对明显不适用的要及时修订，稳定行业和市场预期。

第二，充分体现包容鼓励，合理设置准入门槛。审慎出台新的市场准入政策，严格实施公平竞争审查制度，进一步清理制约共享经济、平台经济发展的不合理限制。准入政策应以质量安全、公共安全为重点，尽量减少过高要求，降低企业合规成本。对主营业务为全国范围的网络平台企业，获得全国经营许可后即可在全国开展业务，无须在各地分别申请。在一时看不准的新领域，可充分发挥龙头企业和行业协会作用，制定实施团体标准，通过行业自律促进规范发展。

第三，科学把握监管重点，慎用限制惩戒措施。审慎监管本意是实施监管要慎重，决不能理解成严监管、强监管，在出现新情况新问题时更应把握好监管方式和力度。研究建立针对新业态新模式的部门协调机制，按照“谁审批、谁监管，谁主管、谁监管”的原则,进一步明确主要管理服务部门,解决多头管理、“九龙治水”问题。以涉及公共安全、大额资金的风险隐患为重点，落实事中事后监管措施，保障消费者合法权益；以维护公平竞争为重点，加强反垄断和反不正当竞争执法，使行业在适度竞争中健康发展。其他方面监管应兼顾原则性与灵活性，对某些轻微违规行为，能及时纠正且无危害后果的，应以教育劝诫为主，防止以罚代管、只罚不管，杜绝执法层层加码、“一刀切”。

第四，增强主动服务意识，满足企业创新需求。新业态发展不仅需要监管与规范，也离不开必要的公共资源支持。例如在共享单车治理方面，要坚持疏堵并举，在城市规划中提供所需的公共停放区域，缓解共享经济与城市治理冲突，满足群众便利出行需要。在数据共享方面，不能只跟企业要、不给企业用，要加快建立部门、政企之间的数据双向共享通道，结合各业态不同特点，依法合理确定企业上报数据的标准和范围，可由各行业主管部门建立统一的大数据平台，并向地方各级主管部门提供接口，避免跟企业多头要、重复要。同时，公共数据资源不能成为部门“自留地”，也不能成为下属机构、中介组织的“摇钱树”，要尽量向企业和社会开放，帮助平台企业进行资质审核、安全校验、优化服务等，为各种新业态新模式安全治理和服务创新赋能。

此外，共享经济、平台经济涉及范围广，社会关注度高，极易成为媒体舆论关注焦点。要注意正确引导舆论，防止一些个体事件过度发酵，避免地方和部门因为舆论压力而采取过度监管措施，为新业态新模式发展营造良好环境。

实现政务服务“一网、一门、一次”离目标还有多远

王晓丹　乔尚奎

近年来，各地围绕优化政务服务、便利群众办事，探索推出了“一网通办”“只进一扇门”“最多跑一次”等创新举措，取得了明显成效。近期，我们结合实地走访地方政务服务部门、办事人员和办事群众，以及梳理政府网网民留言，对“一网、一门、一次”工作进展情况特别是存在的问题进行了调研，现报告如下：

一、“一网、一门、一次”的主要差距

总体上看，各地“一网、一门、一次”工作有两方面问题需要关注：一是工作进展不平衡，中西部地区相对滞后。“一网通办”“最多跑一次”等创新做法主要是在东部发达地区率先提出，推进也较快，特别是北京、上海、浙江、广东等地呈现出“你追我赶”的良好势头。但一些中西部欠发达地区还存在较大差距，网民留

言仍大量反映这些地区办事难、办事慢的问题，一些省会城市的办事便利化水平也不高。二是部分工作不务实，群众预期有落差。有的地方虽然有较高的工作热情，但存在形式大于实质的问题，群众实际办事往往不能像宣传的那样顺利。

具体来看，“一网通办”方面的主要问题有：

一是大多数事项仍做不到全程网办。目前有的信息化程度较高的东部省份省级政务服务事项中约90%可以网办，但大多数只是在网上预审，能从头到尾办成的事项还是个位数。还有的地方一些事项看似全程网办，但线下流程一个不少。比如有群众反映某地“警民通”微信公众号宣传网上可全流程办理居住证，但网上提交所有材料后，却被系统提示“审核通过，请带以上资料原件去派出所办理”。

二是不少事项要上多张网才能办。目前国家一体化在线政务服务平台已经上线试运行，并与各省政务服务平台都实现了链接。然而，一方面跨省跨市事项大多数还不能网办，仍须回原籍办理业务、开具证明，有群众为交300元车船税，请了几天假跑了上千公里。另一方面，本省本市的事项也往往不能在一张网上办成，大量缴税、不动产登记、道路运输许可等都要上部门专网办理，企业群众仍需在多个系统注册登录。据浙江省统计，省内政务服务涉及国家部委的28个业务信息系统中，只有8个对接了浙江省政务服务平台。

三是有些事项半路卡壳难以办成。群众反映，实际网办过程中存在大量“网页走丢”、“系统维护”、“注册不成功”、无限期“审核中”的情况，最后不得不回到线下办理，群众怀疑是为追求网办走形式。还有群众反映，网上办理缺少咨询渠道，人工服务电话也很难接通，遇到问题经常解决不了。比如有群众在网上申请设立企业多次失败，每次退回都只说是资料不全，却不指出具体问题，“还不如现场办方便”。

“只进一扇门”“最多跑一次”方面的主要问题有：

一是要跑的办事大厅不止一个。目前各地大多数事项都已进驻综合性政务大厅办理，但跑一个大厅或只跑大厅未必能解决问题。比如办理建筑资质，要先在各地政务大厅预审，再到住建部办事大厅办理。再比如大督查发现，有的地方群众办理无按揭贷款不动产登记时要分别到市、区房管部门开具无按揭贷款证明，再到政务大厅办理，至少跑3趟。

二是高频事项跑腿次数仍然较多。“跑动系数”是衡量各地“最多跑一次”工作效果的指标之一，有的地方已经降到1左右。但由于很多地方降低“跑动系数”是通过刨除评审评估环节、采用前后端寄递等方式，而对简化社保、户籍、不动产等一些高频事项办理的举措较少、实际跑腿仍然较多，群众感受并不明显。

三是对能不能办、怎么办规定较为随意。尽管很多地方都对办事流程和材料进行了规范，但实际上窗口办事人员对政策的解读、对材料的具体要求往往差别较大，令企业和群众无所适从。而各地之间标准和要求的差异更大，同样的政策规定和生产经营条件，一些经营许可在此地能拿到，另一地就拿不到。对此，有企业认为“政策严一点、速度慢一点没有关系，关键是政策不要变来变去、办不办得成全看人品”。另外，群众普遍反映去大厅办事还比较容易，就怕去一些基层科所，因为经常遇到上班时间找不到人、领导不在就不给办、经办人员不懂业务的情况。

四是到了现场又被要求回去网办。国务院互联网督查收集的很多网民意见反映，有的办事大厅对已上网事项不现场受理、不接受纸质材料，要求办事群众到网上申请。还有的原来现场取号就能办，现在都得网上预约，这令一些老年人、外地务工人员非常烦恼。

二、制约"一网、一门、一次"的深层次难题

一是数据共享难实现。共享数据是"一网通办"的重要支撑，国务院三令五申要打通"信息孤岛"，国办也协调部门向地方共享了两批政务数据，但效果并不理想。从地方来看，这些数据不好用，不仅急需的常用数据较少，而且使用起来还有限制。一些省反映，公安部门人口信息库只在工作时间开放，很影响办事效率；教育部门限定每个省每天在国家数据交换平台查询学历信息不能超过2000次，很难满足需要。而从部门来看，不愿共享数据，除了不想放权外，还因为有些数据原先用于内部管理，如果直接用于公开办事，其对数据质量能否保证、网络系统能否支撑、隐私安全能否保护等信心不足、不愿担责。

二是业务机制难整合。有的地方虽然在前台实现了一网登录、一次提交材料，但后台业务机制却始终未理顺，突出表现在部门办事系统林立、信息必须反复录入。有的地方办事大厅超过一半事项需要工作人员手动二次录入，让基层苦不堪言。此外，不同市县区的同类系统也往往是各自开发使用，很难合并。有企业反映，有的省从省级到地市县都有独立的公共资源交易网站，每个网站都要求办理企业和法定代表人两把电子钥匙，从事相关业务的企业往往有几十把电子钥匙，而且每把都要缴纳几百元延期费用。

三是法律法规难支撑。为支持"一网、一门、一次"改革创新，从中央到地方已经出台了不少规定，并对现有法规和规范性文件进行了清理。然而，清理的法规文件主要涉及较为简单的服务事项，投资项目审批等复杂事项仍对纸质材料提交、现场办理等有明确

要求。与此同时，电子证照、电子印章、电子签名的有效性虽然在政务服务领域得到确认，在其他领域却难以畅行。一些地方反映，有的电子证照在政务服务中心接受，拿到银行却不认可；如果发生行政纠纷诉讼，法院还可能因缺少原件和复印件而认定程序违法。

四是考核激励难发挥作用。在各地对部门工作的考核中，“一网、一门、一次”相关指标占比往往较低，导致部门缺乏改进动力。另外，前台接件人员大多是聘用人员，后台则是各部门派驻人员，有的服务评价只针对前台接件人员，有的则根本没有评价手段，激励作用不明显。

三、几点建议

实现“一网、一门、一次”目标是深化“放管服”改革的重要抓手，也是政府的郑重承诺，标准明确、人人可感，企业和群众有很高期待。必须注重实效，不断提升办事便利度和群众实际体验。当前重点是要在以下几方面下功夫：

一是集中优化一批高频事项办理。从企业和群众关注的焦点出发，优先对税务、社保、公积金、居住证、机动车检验、不动产登记、专利申请等高频事项办理进行优化。建议每年确定一批重点事项，集中整合业务系统、打通数据壁垒、理顺部门机制、统一办理流程，率先实现全程网办、异地无差别办理。

二是创新优化服务细节。鼓励和引导地方从整体理念创新转向局部微创新和技术优化，紧紧围绕“一网、一门、一次”目标改进各种服务细节，比如加强窗口工作人员业务培训、设置办理进度查询、实行身份信息一次验证、提供“傻瓜式”办事指南、增加在线人工咨询、双休日办事等，为不同需求的企业和群众提供多种可选择的办事渠道，积极改善办事体验。

三是全面公开办事流程和要求。各地对除有保密等特殊需要的所有事项，应当一律在网上和办事大厅公示流程和具体要求，重点公示办理方式、提交材料、审核程序和办结时限，并不设兜底条款，对不能公开的事项要报上级政府批准。这有利于给企业和群众带来稳定预期，并倒逼各项流程进一步规范和简化、减少自由裁量空间。

四是完善服务评价和激励机制。尽快建立各级政府政务服务“好差评”制度，实现企业和群众对事项设置、办事流程、服务态度等的及时评价和反馈，并与部门考核和个人绩效、工资、评优等严格挂钩，相关情况向社会公示。

五是强化数据共享和法律法规支撑。充分发挥全国一体化政务服务平台作用，加快推进国家政务服务平台实现统一汇聚信息和统一登录入口功能。进一步优化数据治理环境，完善政府数据收集、存储、使用等机制，推动户籍、社保、婚姻、法人等常用数据跨层级、全口径实时共享，提高数据质量和安全性。加大力度完善法律法规，支持创新举措扩大适用范围，为“一网、一门、一次”服务创新提供法治保障。

以深化“放管服”改革激发市场活力

王晓丹

近年来，简政放权、放管结合、优化服务改革不断深化，有力激发了市场活力和社会创造力。义乌以高标准持续推进“放管服”改革，市场主体持续快速增长、总量稳居全国县级市第一。

一、在简政放权中着力削减“类审批”管理措施

近年来，中央政府取消下放了大量行政许可事项，彻底终结了非行政许可审批。但从市场主体的反映看，政府部门类似审批的各种管理措施和制度规定仍然过多过细，有些随着情况变化和技术发展已经失去了实施的必要性，还有很大精简空间。基于此，义乌对凡是能通过信息共享、行业自律、事中事后监管实现管理目标的事项，在进行公共安全和群众生产生活安全等风险评估后进一步梳理精简，直接取消 278 项，简化办理 133 项。比如取消计量器具强制检测备案，这一备案全年办件量约 1.2 万件，取消后

通过日常监管可现场检定并录入信息，即使不备案也完全能适应管理需要。在义乌近两年精简的300余个事项中，有近240项突破了现行的法规规章，但精简后没有出现问题。各地都应根据实际情况，对不必要的行政管理措施进行清理压减，国务院有关部门应对地方反映集中、涉及部门权限的尽快通过修改法规规章等方式予以取消。

二、在市场监管中积极创新机制、提高效率

目前我国市场主体已有1.12亿户，“一个监管部门盯一个领域、一个监管人员盯若干企业”的传统监管模式很难覆盖，必须创新方式、提高监管效率。

一是探索在更大范围相对集中监管执法权。现在综合行政执法改革已经在五个领域推开，跨部门联合监管也在探索当中。义乌在此基础上又进一步，依托市场监管局成立事中事后监管中心，卫健局、文广旅游体育局、生态环境分局、商务局、应急管理局等部门的100多名执法人员统一入驻中心，实现了执法队伍的深度整合和统一调配。同时搭建27个部门共享的“一网通管”平台，实现了对市场主体名下多项任务的一次性检查。监管中心模式在提高执法效能、减少对企业干扰方面效果明显，但也存在法律定位不清晰、统一执法人员缺乏其他部门执法资格等问题。建议加强跟踪总结，在一些具备条件的地方扩大试点范围，为进一步强化综合执法、联合执法提供参考。

二是探索激励市场主体自律的新监管模式。义乌归集建成覆盖55万法人组织和230万自然人超过3.5亿条信息的信用数据库，建立十二分制信用监管机制，并基于信用实行承诺制，这些做法

有效强化了市场主体自律。比如市住建局在建筑资质审批中开展信用承诺，并规定造假者三年内不得再申请，原先大量提交虚假材料的现象基本杜绝。“你承诺、我先批、事后查、失信惩”是优化审批和监管的重要方向，下一步应继续扩大实施范围，完善信用基础设施和承诺制相关配套政策，促进市场主体自觉守法合规经营。

三、在政务服务中进一步实现“四个转变”

这些年优化政务服务的“一网、一门、一次”改革深入推进，也取得了不少成效，但企业和群众对更好服务的需求不断增长，这方面的努力没有止境。

一是从单个事项办理向打包办理转变。目前，大多数地方优化政务服务主要是围绕某个部门某个具体的审批服务事项展开，但站在政府角度所作的事项划分与群众的实际需要往往并不一致，容易导致获得感不强。要借鉴义乌的“一件事”办理模式，从企业和群众的真实需要和感受出发，推动树立“整体政府”理念，真正打破部门界限，对“一件事”中所涉及的若干政务服务事项集成打包，推行多部门联合“一站式”办理，实现“最多跑一次”就能办成。

二是从被动服务向主动服务转变。服务型政府建设要求靠前服务、主动服务，在这方面义乌的“无感智办”和“代办”做法值得学习。要探索通过智能数据比对、信息推送提示、自动兑现等方法，在一些审批服务事项中省略企业和群众的申请环节，帮助他们及时享受各项优待政策，或直接把需要的服务送到他们手上。要针对一些办理流程较复杂的事项或在一些偏远村镇推行“代办代跑”模式，并实施超期调查、进度通报等制度，最大限度利企便民。

三是从政府自我改革向覆盖公共部门转变。银行、医院、公证等中介机构、水电气暖等公用事业单位在某种程度上代表政府形象，其服务质量却常常成为企业和群众投诉诟病的焦点。义乌对这些单位也提出了优化服务的要求，比如在“无证明城市”建设中推动金融系统取消全部 26 项证明材料；优化电力接入服务，把“电老虎”变成“电保姆”；推进审图机构对所有建筑工程图纸实现“二审通过制”等。“优化服务没有局外人”，要持续深化事业单位改革，推动各类具有公共服务性质的机构提升服务水平，提高群众满意度。

四是从内部评价向多维度评价转变。义乌在政府内部进行竞赛，每月按照部门间办事“一次不跑”实现率、办件量赋分考核，公布红黄旗。同时建立外部监督机制，在行政服务中心设立“跑一次办不成”窗口受理群众投诉举报；从办事群众、基层干部中招募“改革体验官”，参加体验监督并跟踪整改情况。这有效提升了政府部门和工作人员优化服务的积极性。目前各级政府正在建立政务服务“好差评”制度，要加快完善相关规则，把政府内部考核、办事群众评价、社会各方监督紧密结合起来，形成有效激励。

四、研究解决地方改革创新中遇到的瓶颈问题

一是以综合授权打造一批营商环境标杆城市。义乌反映，尽管地方在深化“放管服”改革、加大优化营商环境力度方面有强烈需求和意愿，但上级政府逐项列举式的放权方式很难满足改革

需要，很多改革举措由于涉及部门职能和法律法规调整仍要走部委审批的老路子，逐项逐级报批、反复沟通协调，浪费大量时间精力也不一定能办成。建议对义乌这样改革条件好、积极性高的城市，可以研究在政策和法律层面进行清单式、综合性授权，给予更多权限和探索空间，推动营商环境更快改善，有效发挥引领带动作用。

二是分类打通政府数据壁垒。当前各地普遍反映提高政务服务效率的一个最大制约是数据不联通。政府信息系统大多由省级以上部门统建，数据权限也由这些部门掌握，基层尽管是产生和运用数据的地方，却得不到全量数据，只能以接口方式请求部门共享。为解决这一问题，义乌建立了全省第一个数管中心，直接对本地产生的数据进行汇集，用于政务服务。目前义乌全流程网办事项 2049 项，网上办结率已经达到 91%，远远高于浙江全省 40% 的水平。然而，地方不通过部门垂直系统直接“截留”数据的做法存在一定的数据管控风险，也难以解决一些跨区域事项的办理问题。建议国务院有关部门根据类型、密级、潜在风险等对数据进行分类，确定每类数据的共享范围和共享方式，尽快实现国务院部门的可用数据普遍共享，满足地方政务服务需求。

三是加强信用体系整体设计。目前地方在信用建设中面临些困难和问题，亟待国务院有关部门予以支持。义乌就反映了两个问题：一个是信用评价不精准，“信用义乌”平台与“信用浙江”“信用中国”等平台很难打通，各地各部门采集的信用数据呈现碎片化，难以实现对企业和个人的精准画像。另一个是信用惩戒不公平，义乌等地对企业实行了信用分制度，但由于只是局部实行并且规则标准各异，不仅失信惩戒的尺度不好把握，而且对跨区企业往往无法惩戒，有可能干扰公平竞争。比如现实中既存在以信用加分限制外地企业参与本地招投标的现象，也存在企业外地违规后在本地照样承揽工程的现象。建议国务院有关部门尽快出台明确的信用评价、运用、惩戒、修复等标准规则，推动地方信用建设与国家信用体系统一衔接，使信用真正成为企业和个人通行全国的有效证明，促进市场主体公平竞争。

着力在优化营商环境上下功夫

王存宝

义乌小商品批发市场在国内外的影响力不断增强，国内外客商和投资持续增长，与当地良好的营商环境是分不开的。义乌市在优化营商环境方面的很多探索和做法值得借鉴。

一是优化市场准入向“证照通办”深化。义乌是一个商贸型城市，格外重视商事服务，着力营造最优的商贸环境。着眼提高企业开办便利化水平，通过企业开办“零见面”平台，把企业设立登记涉及的多个事项合并到一个环节办理，申请人仅需身份证件在平台申请即可，目前平台申报率达98%以上。开发全程电子化智能登记系统，实现企业注册登记“秒批”。为最大化便利国际贸易发展，创新实行外贸企业“证照通办”模式，对新设的所有贸易类企业，取消再到商务部门办理对外贸易经营者备案的流程，而是在登记后就直接赋予外贸主体经营资格，企业可随时开展外贸活动。此举有效节约了企业时间成本，自去年5月以来享受“证照通办”的企业2.8万多家。对其他涉企的各类证照采取“证照联办”方式办理，在浙江省27个联办事项基础上又自行开发了10个以上事项，提高了企业办证的便利度。

二是服务企业向“无感智服”转变。为有效解决涉企支持政策获取难、理解难、落地难等痼疾，义乌依托政务服务网开发了涉企政策服务“一网通服”平台，开辟服务企业新渠道。该平台整合了全市557份涉企政策文件、326个政策事项，以清单化方式展示政策条件、支持力度、申请流程等信息，并智能推送给企业。对能通过大数据智能判断符合奖补政策条件企业的，企业不再需要申请，政府部门在平台内审核通过后直接公示兑付，实现无感兑付的事项已有59项。其中，2/3的科技政策、90%以上的科技政策资金不再需要企业申请。需要申请的政策也实行线上申请和标准化流程，办理流程从10个减少到改革后的4个，所需材料从项均3份减少到0.8份，政策兑现时间从半年以上压减到一个月以内。义乌还把这种智能化服务向群众延伸，从企业和群众办事找政府转变为政府主动提供服务，让企业和群众在对政府“无感”的同时，更好享受政府服务的“质感”。

三是政务服务向“一件事”集成。借鉴法人和自然人全生命周期的理念，对目前按部门职责分别办理的单个事项，按照企业和群众需求，合并为可由一个部门牵头、跨部门联合办理的整体事项，形成企业和群众眼中的“一件事”，实现政务服务由单个部门服务到整体政府服务的升级。围绕企业登记开办、水电气报装、获得信贷、清算注销等关键环节，梳理出多部门联办的“一件事”62项。围绕个人出生、上学、就业、就医、退休等梳理出多部门联办的“一件事”42项。比如，新生儿出生“一件事”共涉及出生医学证明、落户、医保、预防接种等4个部门的6个事项，改革前需跑6个窗口、提交21份材料、办理6个证件、耗时15天。

改革后只需凭身份证在医院窗口甚至床边办理，相关证件 3 个工作日内邮寄到家，已有 5000 多个家庭受益，实现了全流程“最多跑一次”。

四是证明清理向“无证明城市”升级。义乌把“无证明城市”建设作为改革集成的一个标志性工作，坚持不破法规破常规，实现群众在市域范围内办事不用交证明。梳理各类证明 270 项，其中政府和公共服务机构 244 项，金融系统 26 项，进行法律风险评估后，通过直接取消、个人承诺 + 信用监管、部门核查、数据共享等多种方式，分批分期全部取消。金融系统证明办件量大、占全市总量的 25.5%，但由于垂直管理、资金安全防控难，成为证明取消中最大的难点，最终通过数据共享平台向金融机构共享基础常用数据方式予以取消。为防止反弹，义乌公开宣布全市域取消证明，并通过行政服务中心设立的“跑一次办不成”窗口接受群众监督。取消证明后，不仅办事人方便了，也为基层大大减负，推动政府治理方式加快转变。

五是市场监管向“一网通管”转型。放宽市场准入、全面取消证明等便利化措施推出后，倒逼政府从事前预防的管理模式向事中事后监管转变。义乌在浙江省统一的行政执法监管平台基础上，建设同时面向政府和市场主体的“一网通管”平台。依托该平台，将原来 27 个部门独立监管变为 1 个数字中心统管，所有监管执法任务和指令都通过平台下达，跨领域、跨部门的检查任务在平台联合发起任务、联合开展检查，对监管执法对象名下多项任务一次性完成现场检查，推动“网外无监管”。市场主体可以通过平台的主体自治系统查询诚信档案，接收相关服务信息，并可在线履行自查、申报、整改等责任，监管部门通过在线方式核查，实现监管互动和“不见面”监管。

六是“一次不跑”向部门间办事延伸。针对政府内部办事多次跑、多头跑、时间长、环节多等问题，义乌用服务市场主体和群众的方式改革行政运转模式，提出“一次不跑”“马上办好”的目标，大力提升政府执行力和工作效能。将量大面广的行政事项确定为10类，其中明确“一次不跑”事项460个、限时办结事项375个。统一开发部门间办事“一次不跑”协同平台，实行网上受理、网上审核，5个工作日办完，实现一次不跑。目前，已有217个事项实现了一次不跑；各类限时办结事项办件时间从8.1天减至2.3天，办事材料压减2/3，57%的事项实现了即办。

七是以数据和信用为改革提供“硬核”支撑。“无证明城市”、部门间办事“一次不跑”、“一网通管”等优化营商环境方面的创新做法，都是建立在完善的信用体系和畅通的数据共享机制基础上的。义乌归集了行政审批、行政处罚、公共服务等部门的信用信息。建立市政务数据交换平台，归集全市41个部门的数据。加强信用信息、基础数据的共享应用，比如，取消的270项证明有一半靠数据共享，根据信用等级确定是否适用告知承诺、贷款发放便利，确定分类监管的标准等。通过监管、服务活动又不断产生新的信用信息和数据，催生新的应用场景，使政府的治理活动同企业群众的自治行为高度融合，促进营商环境优化。

二、坚持创新引领发展

从最新全球创新排行榜看我国创新发展的进步和差距

张凯竣　刘一鸣

世界知识产权组织等联合发布的《2019 年全球创新指数报告》显示，我国排名从 2018 年的第 17 位上升到第 14 位，首次进入全球最具创新力 15 强之列。我们对此进行了比较分析，现将有关情况和建议报告如下。

一、我国创新能力保持快速提升势头

全球创新指数基于 80 项基础指标，对 129 个国家和经济体的创新表现进行排名，涵盖了全球 91.8% 的人口和 96.8% 的 GDP。创新指数由投入和产出两个分项指数构成，其中创新投入包含政策与制度环境、人力资本和研究、基础设施、市场成熟度、商业成熟度五个维度，创新产出包含知识和技术产出、创意产出两个维度。从 2019 年排名情况看，我国创新总体表现继续亮眼，在很多方面取得了新的进步。

创新指数排名再创新高。继2016年首次跻身“全球创新领导者”（排名前25位经济体）行列之后，近三年我国创新指数排名继续攀升，不断刷新最好成绩，在全球创新第一梯队中的位置进一步巩固。2013年至今，我国创新指数排名累计提升21位，创新发展成就得到国际社会的高度认可（具体排名情况参见附表）。此外，我国是前30位中唯一的中等收入经济体，连续六年位居中等收入经济体首位，对于这样的表现，《报告》发布方表示“多年来中国一直将创新纳入经济发展战略，为其他中等收入经济体指明了方向”。

更多领域进入全球领跑行列。我国创新投入和创新产出的分项指数排名分别为第26位和第5位，体现出了一流的投入转化能力，创新效率超过多数高收入经济体。在80项基础指标中，我国的国内市场规模、本国居民专利申请量、本国居民实用新型申请量、本国居民商标申请量、高技术产品出口在贸易总额中占比、创意产品出口在贸易总额中占比等9项指标排名首位，在这些方面显示出强劲竞争优势。顶尖大学质量、领军企业研发投入规模等指标也都名列前茅，反映出我国各类创新主体的竞争力和活跃度在不断增强。

创业创新生态环境显著改善。近年来，我国深入推进“放管服”改革，广泛开展大众创业万众创新，双创氛围日益浓厚，服务体系不断健全，在创新指数中相关指标排名也都实现了大幅跃升。例如，与2013年相比，企业开办便利度上升93位、企业办理破产便利度上升17位、政府线上服务水平上升25位、信息化参与程度上升35位、中小投资者受保护程度上升35位，创新环境的全方位改善有力支撑了总体创新能力的持续进步。

区域创新发展高地加快崛起。区域创新能力是全球创新指数关注的一个重要方面，在今年“创新集群”排名的子榜单中，我国有 18 个地区进入全球前 100 位，比去年增加两个，上榜数量仅次于美国（26 个）。我国几乎所有集群的排名均有上升，深圳—香港（第 2 位）、北京（第 4 位）、上海（第 11 位）等地区继续稳居世界前列，表明我国各具特色的区域创新格局正在形成，粤港澳大湾区、北京、上海已逐步成为具有国际影响力的科技创新中心。

二、与世界科技强国相比我国创新发展仍存在较大差距

一是创新发展的制度环境和融资环境仍需持续改善。在创新指数的七大类一级指标中，我国在政策与制度环境方面排名最低（第 60 位），其中政府效率排名第 47 位、监管质量排名第 81 位、法治化程度排名第 77 位、企业办理破产便利度排名第 56 位，均明显落后于我国创新指数总体排名。融资环境是制约创新发展的另一重要因素，企业融资便利度、小额信贷总量占 GDP 比重、中小投资者受保护程度分别排在第 66 位、第 69 位和第 61 位。上述指标排名普遍较低，反映出尽管我国创新环境在不断改善，但与世界第二大经济体地位仍不相称。

二是支持创新的设施环境建设相对滞后。在二级指标信息通信技术方面，我国排名第 46 位，较去年下降 1 位，其中信息通信技术基础设施普及率、利用率分别排名第 75 位和第 55 位。近年来我国持续推进网络提速降费，但宽带普及率和速率同发达国家相比还有不小差距，移动数据流量资费偏高问题也尚未根本解决，一定程度上制约了创新活动开展和效率提升。在生态可持续性方

面，我国排名第67位，其中单位GDP能耗、生态环境质量分别排名第94位和第97位，资源环境对创新发展的瓶颈制约不容忽视。

三是创新型人才教育培养亟待加强。我国人力资本和研究总体排名第25位，较去年下降2位，很多分项指标排名都相对靠后，其中预期受教育年限（第74位）、高等教育入学率（第55位）、学生教师人数比（第59位）、全职研究人员比例（第46位）等都处于中游或中下游水平，即使在中等收入经济体中排名也不高。高等教育学生中海外留学生占比排名第101位，对国际人才的吸引和培养力度需要进一步加大。

四是创新发展的对外开放程度有待提高。利用外资水平普遍偏低，其中外国直接投资净流入排名第88位，较去年下降11位，国外资助的研发支出排名第93位。高技术服务贸易发展程度不高，信息通信技术服务进出口占贸易总额比重分别排名第85位和第75位，文化创意服务出口占比排名第49位，与我国高技术产品的贸易规模相比都有明显差距。此外，我国的关税税率排名第73位，高于世界平均水平，一定程度上影响了高技术产品和服务的进口。

三、加快我国创新发展的几点建议

第一，完善有利于创新的政策制度环境。我国政策和制度环境排名尽管过去七年间提高了53位，但仍是创新能力评价中的一个短板。要持续推进“放管服”改革，聚焦企业开办、注销等环节的痛点难点问题，提高政府服务效能，加强公正监管，健全制度化监管规则，加快打造市场化、法治化、国际化营商环境。深化科技体制改革，完善符合创新规律的资源配置方式，确保各项鼓励创新的政策措施落地见效，充分激发各类主体创新活力。

第二，夯实创新发展的人才支撑基础。创新驱动根本上是人才驱动，全球创新指数评价明确指出了我国在人才培养方面的薄弱环节，要找准问题，对症下药，坚持实施科教兴国和人才强国战略，加快实现由人口红利向人才红利的跨越。要推动教育事业全面发展，扎实做好高职扩招等工作，提升现代职业教育质量，切实提高我国劳动人口的平均受教育年限和高等教育入学率。加强人才管理制度创新，完善评价激励机制，促进人才跨区域跨行业有序自由流动，加大国外人才引进力度，培育具有国际竞争优势的人才队伍。

第三，以提升创新质量为重点推进科技研发和产业转型。《报告》提出“评估创新投入和产出的质量，已成为创新政策领域的首要关切点”。我国的“创新质量”排名尽管稳中有升（从 2018 年第 17 位上升至 15 位），但与美国、德国、日本等领先国家相比，差距依然明显。在国际环境复杂多变的形势下，各国科技竞争日益激烈，我国务必要瞄准世界科技前沿，积极抢占创新发展制高点。要借鉴国际经验，加大基础研究支持力度，抓紧布局国家实验室，加强关键核心技术攻关。加快高技术服务业发展，着力提高知识产权服务、信息通信技术服务等产业规模，以创新引领新动能发展壮大。

第四，打造国际一流的创业创新生态体系。从评价结果来看，世界科技强国无不具有高效运转的创新体系，能够吸引各类优质要素集聚融合。要多渠道满足创业创新融资需求，健全科技投融资体系，大力发展创业投资和多层次资本市场。完善信息基础设施，持续推动网络升级改造和提速降费，为创新发展和新动能成长提供坚实支撑。此外，还要通过加强国际合作有效整合运用全球创新资源，主动融入全球科技创新网络。

第五，重视对我国创新发展能力和成效的评估。对于全球创新指数评价结果要理性分析、客观看待，既要重视排名反映出的问题和差距，也要看到指标体系存在的局限性和片面性。同时，在借鉴国际权威评价体系的基础上，结合我国实际，进一步完善《国家创新指数报告》等国内主要创新能力评价工具，更加注重对创新发展质量效益的考评，让评价结果全面准确反映我国的综合创新能力和政策实施效果，为相关战略决策制定提供更加科学的参考依据。

附表 1

世界主要经济体创新指数排名（2013—2019）

国家/经济体 \ 年份	2019	2018	2017	2016	2015	2014	2013
瑞士	1	1	1	1	1	1	1
瑞典	2	3	2	2	3	3	2
美国	3	6	4	4	5	6	5
荷兰	4	2	3	9	4	5	4
英国	5	4	5	3	2	2	3
芬兰	6	7	8	5	6	4	6
丹麦	7	8	6	8	10	8	9
新加坡	8	5	7	6	7	7	8
德国	9	9	9	10	12	13	15
以色列	10	11	17	21	22	15	14
韩国	11	12	11	11	14	16	18
爱尔兰	12	10	10	7	8	11	10
中国香港	13	14	16	14	11	10	7
中国	**14**	**17**	**22**	**25**	**29**	**29**	**35**
日本	15	13	14	16	19	21	22
法国	16	16	15	18	21	22	20
加拿大	17	18	18	15	16	12	11
卢森堡	18	15	12	12	9	9	12
挪威	19	19	19	22	20	14	16
冰岛	20	23	13	13	13	19	13
奥地利	21	21	20	20	18	20	23
澳大利亚	22	20	23	19	17	17	19
比利时	23	25	27	23	25	23	21
爱沙尼亚	24	24	25	24	23	24	25
新西兰	25	22	21	17	15	18	17

附表 2

2019 全球创新指数排名（前 25 位）

国家/经济体	总排名	分项排名						
		政策与制度环境	人力资本和研究	基础设施	市场成熟度	商业成熟度	知识和技术产出	创意产出
瑞士	1	12	7	3	7	2	1	1
瑞典	2	9	6	2	14	1	2	7
美国	3	11	12	23	1	7	4	15
荷兰	4	8	17	14	23	6	3	5
英国	5	14	9	8	4	16	8	6
芬兰	6	3	2	12	27	5	9	13
丹麦	7	6	4	6	9	9	14	11
新加坡	8	1	5	7	5	4	11	34
德国	9	16	3	13	20	12	10	10
以色列	10	31	14	33	16	3	7	14
韩国	11	26	1	15	11	10	13	17
爱尔兰	12	18	22	5	39	13	6	19
中国香港	13	7	28	4	3	20	33	3
中国	**14**	**60**	**25**	**26**	**21**	**14**	**5**	**12**
日本	15	10	21	9	10	11	12	35
法国	16	19	11	11	12	19	15	16
加拿大	17	4	19	27	2	22	19	27
卢森堡	18	24	38	25	68	8	18	2
挪威	19	2	15	1	22	21	30	20
冰岛	20	15	30	24	35	23	23	9
奥地利	21	17	8	17	44	18	25	25
澳大利亚	22	13	10	19	8	26	36	29
比利时	23	21	13	29	37	17	21	33
爱沙尼亚	24	23	36	16	45	28	26	8
新西兰	25	5	16	20	6	31	42	23

当前科技创新政策落实中存在的主要问题

——科技创新政策落实情况调研（上）

侯万军　王敏瑶　柳朴方

2019 年《政府工作报告》提出：“要在推动科技体制改革举措落地见效上下功夫，决不能让改革政策停留在口头上、纸面上。”针对科技创新政策落实情况，近日我们与部分高校、科研院所和企业的一线科研人员座谈交流，还专门听取了青年科研人员的意见建议。普遍反映，近年来国家采取一系列举措为科研人员解束缚、除烦苛，取得了明显成效。特别是 2018 年《国务院关于优化科研管理提升科研绩效若干措施的通知》（国发〔2018〕25 号，以下简称 25 号文）印发以来，在简化科研项目申报和过程管理、精简材料报送、赋予科研单位经费管理使用自主权、清理人才“帽子”等方面改革力度很大，科研人员有较强获得感。同时，大家也反映，科技创新政策落实不到位的问题仍然不同程度存在，一些改革中出现的新情况新问题也需要深入研究。现将有关情况整理如下：

一、用行政管理的思维和方式管科研的问题还比较突出

普遍反映，虽然科研管理方式已有明显改进，但总体上仍然是在套用行政管理的思维和方式，影响科技领域“放管服”改革的成效。

在财务报销方面，某大学科研院反映，对开展正常教学科研活动的费用报销要求基本与行政管理一样，这给科研人员带来很多麻烦。比如，不少学术交流活动并没有正式的会议通知、经费预算、调研函和接待审批单等，报销时需要科研人员花很大功夫补充各种材料或证明。又如，科研人员的差旅和住宿标准比照行政人员，一些学术交流活动邀请的高水平专家，住宿费有时会超过财政部规定的标准，在报销和审计中都要费很大周折。再如，餐叙是学术交流的重要方式，很多一流专家来访时参加正式活动的演讲时间并不长，有的甚至只有一二十分钟，而陪餐则是深度交流的好机会。因此国内主办单位往往希望多一些中方人员，甚至包括学生参与陪同交流。但按照规定，最多只能有 3 人陪餐，导致难得的交流机会不能被充分利用。该校某院系反映，差旅费报销不仅需要提供车票及住宿发票，还要求提供付款凭据、住宿水单等，不仅繁琐，有时还会因票据问题被财务部门来回折腾，十分耗费时间精力。

在出国交流方面，某院所反映，按照出国交流的有关规定，需提前一年申报计划，但很多学术会议是当年甚至临时才确定的；而若要临时申报，审批手续繁琐，往往会错过签证办理时间。还有，科研项目如需出国交流，必须在项目申请书中明确出访计划、目的地、经费预算等，而很多国际交流活动的主导权在外方，有

很大不确定性，但在项目执行过程中一般不允许变更计划，即便允许变更，也要经过层层审批，有时甚至得不到回音。某大学科研院反映，一些科研人员希望利用参加国际学术会议的机会，多走访一些科研机构，这不仅有助于开展学术交流，还可以降低出国成本，但由于出访时间、目的地等都受到严格限制，一般难以开展顺访活动。

在科研设备采购方面，仍然存在财政部门和主管部门重复审批的问题。某大学财务处反映，如需采购 50 万元以上大型设备，学校必须在当年 6 月份编制部门预算时申报，次年 3 月份获得财政部批复后方能购置；而科研项目申报时又要求，采购计划需经项目主管部门审批。两方面的审批重复，不仅拉长了设备采购周期，还可能影响科研进度。某院所反映，我国科研仪器设备的采购周期一般都比国外长。某大学院系反映，大型设备采购按规定需要招标，但一些非通用设备国际上生产厂家往往少于 3 家，即便如此也必须先履行招标手续，制作标书等文件，待流标后再申请变更采购方式为竞争性谈判，这又需要等待审批，浪费了很多时间。

在绩效评价方面，某大学科研院反映，现在所有纳入财政预算的项目都要开展绩效评价，分为年中监控和年末评价两部分。虽然学校也建立了相关信息系统，但年中监控指标往往难以自动生成，需要科研人员自行填报。25 号文明确基础研究项目和实施周期三年以下的项目一般不开展过程检查，但稳定支持项目仍然需要开展年中监控，需要填报的项目仍然比较多，还有精简空间。

在审计监督方面，某企业研究院反映，科研活动有很大的不确定性，经费执行和预算不一致的情况很正常。比如材料费超标、出差地点变更，又如实验失败需要重新再做一次等，科研人员都要向财务和审计人员逐一解释说明。该院的一个研发项目，在评审过程中得到了专家高度肯定，但由于审计时发现了一个财务方面的瑕疵，就要把已经支出的部分经费索回，单位只得用其他经费填补这个缺口。某研究院反映，针对同一项科技创新政策，科研管理、审计等部门的认识理解和执行尺度存在差异，让基层科研人员无所适从。某研究所反映，近期报销时得知，单位仍然沿用十几年前的经费管理办法，主要是财务部门认为“老办法安全”，虽然管得死一点，但不会出纰漏。

二、政策落实还需打通“最后一公里”

科研人员对成果转化相关税收优惠政策落实不到位的问题反映比较强烈。部分大学反映，科技人员股权奖励递延纳税是鼓励科技成果转化的重要优惠政策，但现实中在高校难以落实。

高校科研人员获股权奖励主要有两种方式：一种方式是，高校以科技成果作价入股创办企业，企业奖励科研人员一定比例的股份。按照高等学校所属企业体制改革要求，高校因科技成果作价入股新产生的股权，由高校资产经营公司持有管理。而税务部门只认定科研人员的股份是由资产经营管理公司作为股东奖励的，但不认定其来自于高校奖励（按照现行要求，只有高校和科研机构给予科技人员的股权奖励才享受递延纳税优惠），科研人员也就享受不到优惠。国务院《实施〈中华人民共和国促进科技成果转化法〉若干规定》明确，“国家设立的研究开发机构、高等院校有权依法以持有的科技成果作价入股确认股权和出资比例，并通过发起人协议、投资协议或者公司章程等形式对科技成果的权属、作价、折股数量或者出资比例等事项明确约定，明晰产权”。但现实中，税务部门往往不认可这类合同，认为其不能说明科研人员股份来自于高校奖励。另一种方式是，高校将科技成果变更为资产经营公司和成果完成人共有，并约定各自享有的权益比例，再由二者入股成立公司。这种模式下高校转让了科技成果产权，完成人通过技术成果入股，可以按规定享受递延纳税。然而，赋予科研人员职务科技成果所有权或长期使用权的改革刚启动试点，只有少数单位可以探索，对于绝大多数高校而言，这条路暂时是走不通的。

三、配套制度不健全影响政策落地

科研人员反映，缺乏实施细则是导致政策落地难、“叫好不叫座”的主要原因。

在人员激励方面，部分院所反映，25 号文明确“加大对承担国家关键领域核心技术攻关任务科研人员的薪酬激励”，这一条“含金量”很高、振奋人心，但缺乏实施细则。比如“关键领域核心技术攻关”怎么界定、年薪制的标准如何核定、绩效工资总量如何增加等，都需要尽快明确细则。某院所反映，25 号文明确“职务科技成果转化现金奖励计入本单位绩效工资总量，但不受总量限制”，但股权奖励变现后的收入是否纳入绩效工资总量？不同部门有不同理解，建议国家层面予以明确。

在成果转化方面，主要是科技人员取得职务科技成果转化现金奖励个税优惠政策还需要细化。某大学科研院反映，现有政策明确，受益科技人员是高校院所中对完成或转化职务科技成果作出重要贡献的人员，但对人员身份的适用范围缺乏细化。税务部门认定的适用范围为在编正式职工，但实践中很多非在编研究人员、在校学生等都作出了重要贡献，却难以享受政策。某院所反映，目前政策将现金奖励纳入当月“工资、薪金所得”，但对科研人员而言，可能几年甚至十几年才有一次成果转化收入，按照一般收入计征所得税有失公允，他们建议可否按照偶然所得征税、适用 20% 的税率，并在政策上予以明确。

四、一些新情况新问题需要研究解决

目前，在科技发展与人才引进方面面临着一些新情况新问题，需要政策层面加快调整完善，有针对性地加以解决。

在高校征收企业所得税方面，2018 年高校开始实施政府会计制度，成本核算更加规范，对高校征收企业所得税已具备条件。一些高校反映，税务部门正在酝酿征税工作。某大学财务处反映，当地税务部门已开始针对高校横向科研项目结余经费收取企业所得税。但实践中项目负责人的薪酬成本、学生培养成本（包括基础设施使用费、伙食补助费用等）并未计入横向经费支出，经费结余难以真实反映项目实际收支情况，建议针对高校特点制定切实可行的税收政策。

在重大科技基础设施建设经费方面，近年来越来越多的重大科技基础设施立项建设，政策规定一般按照基本建设项目管理，建设经费以设备购置安装费用、土建费用等为主。根据《基本建设项目建设成本管理规定》，可以计提项目建设管理费，但在人员经费方面只包括不在原单位发工资的工作人员工资及相关费用。对于重大科技基础设施而言，其设计建造的过程本身也是科研活动，包含不少技术攻关内容，需要一支专业化程度较高的工程技术人员队伍，这与一般基建项目有很大差异。但现有规定这类技术人员的绩效工资不能从建设经费中列支，造成了人员经费的较大缺口。

在国际人才交流方面，某大学院系反映，根据现有外国专家短期来华管理制度，外国专家可以持有 R 字签证（人才签证）或 F 字签证。由于国际形势变化，现在不少外国专家不愿意持 R 字签证入境，担心被调查与中国政府的科技合作。对于 F 字签证，学校只有权发放来校 30 天以内的一次性签证邀请函，但这对很多需要频繁来华的专家而言很不方便。有的专家持有十年期多次往返的 L 字签证（旅游签证）或 S 字签证（探亲签证）入境，希望顺道开展学术交流，这对中方外方都更灵活便利。但按照现行规定，学校不能向持有 L 字签证或 S 字签证的专家支付劳务报酬。

在引进人才社保待遇方面，某大学院系反映，前些年一批高水平海外人才放弃国外的工作机会和优厚待遇，选择全职在国内工作，近两年他们逐步面临退休。其中，有的在国内工作时间较短，未能累计缴纳社保费满 15 年；有的虽然工作时间较长，但由于外国人参加社保的相关暂行办法 2011 年才实施，之前工作年限是否可以视同缴费年限未予明确，导致退休后可能无法享受养老保险待遇。另外，海外人才参加基本社保也有类似问题，希望加以解决。

关于深化科技体制改革的几点建议

——科技创新政策落实情况调研（下）

侯万军　王敏瑶　柳朴方

当前，我国科技体制改革已步入深水区、攻坚期，应以更大力度深化改革，通过制度创新为科技创新加油助力。一方面要立足当前，解决好科研人员反映强烈的突出问题；另一方面要放眼长远，着力破除制约我国科技事业发展的制度障碍。

一、应适度提高基础研究机构长期稳定支持比重

调研中我们了解到，即便是很多基础研究机构，科研经费的大头也是来自竞争性项目。竞争性项目有利于调动科研人员积极性，但占比过高也暴露出一些问题：一是耗费科研人员较多时间精力。某大学财务处反映，每年申报项目如同一场“全民总动员”，上上下下都在争项目，但从结果看，申请到的项目和经费总额每

年都差不多。某院所也指出，每年申请项目经费的最终结果差别不大。二是从事基础研究的科研人员把主要精力放在“短平快”项目上。竞争性项目评审周期都不长，一般在1—3年。以竞争性项目引导基础研究，不利于科研人员安下心来专注长期问题。三是不适应并行和领跑阶段的研究需要。竞争性项目往往具有强烈的目标导向，这是与跟踪阶段的科研项目布局相适应的。某企业反映，现在申请项目有个“不成文的规定”，申请书篇幅短、成功的概率往往较低。据了解，项目书中有大量篇幅用于阐述文献综述和国际研究进展，这都体现了跟踪阶段的项目特征。然而进入并行、领跑阶段后，大量科学问题难以预设具体目标，并不完全适合通过竞争性项目予以支持。

我们认为，基础研究具有周期长、风险大、结果不确定等特点，经费结构与支持方式也应适应这些特点。国际上很多基础研究机构，其竞争性项目经费和稳定支持经费大体各占一半。科研人员即便不申请竞争性项目，依靠稳定支持经费也能满足基本的研究需要，可以根据兴趣自主选题。即便是竞争性项目也应调整优化支持方式，以3—5年为周期，支持科研机构或团队针对特定问题开展工作，减少过程检查频度。

二、合理确定基础研究项目间接经费比例

现在，基础研究机构的人员经费主要有财政拨款和竞争性项目的间接经费两个渠道来源。但不少机构反映，按照规定的间接经费计提比例，难以满足人员经费需要。某院所反映，该所科研人员经费中23%需要从间接经费中支出。在该所的9个研究团队中，5个团队的间接经费无法满足人员经费需要，只

有1个略有结余，另外3个基本持平。部分院所根据人员经费情况作了倒推测算，基础研究项目间接经费比例大概要提高到30%—40%，方能满足需要；对于数学等纯理论研究项目，间接经费比例应在50%左右。

有科研机构负责人谈到，完全依靠提高间接经费比例解决科研人员收入并非良策，长远来看，应当对我国科研人员薪酬制度进行系统设计。目前，我国科研人员，特别是基础研究人员的收入分配面临几方面问题：一是绩效工资总额限制较死，很多单位“有钱但发不出去”。二是科研人员收入差距过大。某大学科研院反映，同级别教授之间的收入差距有的达到10倍以上，远超过国外大学的收入差距。三是人员经费中来自竞争性项目的比例太高。这就导致越来越多的科研人员四处“找钱”、拉项目，难以安下心来做研究。据了解，日本的国立科研机构在职人员属于公务员，由国家保障工资，不允许科研经费支付人员薪酬。

我们认为，通过提高间接经费比例，确实能够在一定程度上缓解人员经费紧张的问题。但从长远看，还是要加快构建符合科研规律的薪酬制度，赋予高校和科研机构在收入分配方面的更大自主权。特别对于基础研究人员而言，应探索扩大年薪制实行范围，合理确定收入标准，确保科研人员的体面生活。从经费来源看，应主要通过财政拨付的稳定支持经费中获得，适度降低对竞争性项目经费的依赖，这也有利于引导科研人员形成稳定预期。

三、处理好给科研机构放权和给项目团队放权之间的关系

赋予项目团队更大的人财物支配权，有利于团队更好吸引人

才、调动团队成员的积极性。有科研人员建议，在给项目团队放权方面的力度可以更大一些。但也有科研人员反映，目前科技体制改革中的放权更多体现在给项目团队，而给科研机构放权不足。这带来两方面问题：一方面，科研机构的责任权利不对等。某院所反映，以科研经费为例，现在项目团队具有较大的管理使用自主权；但在确保经费使用合理、合规等方面，责任又主要在科研机构，科研机构的事业单位法人主体地位很难落实。另一方面，科研机构在学科建设和布局方面难以统筹力量、配置资源。科研机构身处一线，比政府部门更了解科技发展的前沿动态，应当在学科布局方面有更大话语权。然而有科研机构反映，现在有关部门直接安排的科研项目过多，削弱了科研机构的布局积极性和能力。某院所反映，大量经费都通过项目的形式分配到项目团队了，机构层面资源不足，难以从增强核心竞争力的角度优化力量配置。某大学科研院反映，有的研究方向国家支持力度大、经费多，就会越做越强；有的“冷门”领域必不可少但经费较少，就会逐渐萎缩，甚至消失。科研人员还反映，现在一些科研项目被“切分”得越来越细，进一步加剧了学科布局的碎片化问题。

我们认为，在不断深化科技领域“放管服”改革的过程中，应统筹处理好给科研机构放权和给项目团队放权之间的关系。特别是伴随着项目团队自主权的逐步扩大，应适当增加科研机构激励和约束项目团队的能力，厘清科研机构和项目团队的责任和权利，调动好两方面的积极性。同时，要加大对科研机构的长期稳定支持力度，确保科研机构有充足的资源发挥专业优势、集中精力抓好学科布局。

四、加快完善分类评价机制

评价机制对科技发展具有重要的“指挥棒”作用，科研人员关注度高，对改革满怀期待。科研人员反映，目前的评价机制仍然存在简单化、“一刀切”问题，不能适应新形势下基础研究、应用研究、成果转化等不同领域的特点。就基础研究而言，还是主要依靠期刊特别是国际期刊发表、计算影响因子的评价方式，并不能完全体现基础研究对原创性的要求。某企业反映，一些领域具有很高的技术敏感性，一旦有突破性成果也不能发表在国际期刊上。部分院所和企业反映，在国际期刊上发表文章需要将全部数据上传，这就意味着与他国共享了先进研究成果。就应用研究而言，某企业反映，其开展的很多研究具有系统集成的特点。但在评价中片面追求原创性，就不符合这类研究的特点。就成果转化而言，某院所反映，目前的评价体系不利于从事成果转化的人员，导致很多人戴着“有色眼镜”看待成果转化人员。在谈到清理“四唯”（唯论文、唯职称、唯学历、唯奖项）时，科研人员普遍表示欢迎，但也认为要客观认识职称、“帽子”等在评价中的积极作用。某院所反映，如果完全不看“帽子”，要让评审专家在短时间内对科研人员作出客观公正的综合评价，是非常困难的事情。

我们认为，要适应不同领域科研工作的特点，加快建立分类综合评价体系。比如对于基础研究而言，既要重视论文发表，但也不能完全依赖论文特别是国际期刊发表的论文，尤其是对具有引领型意义的研究成果，要制定形成一整套标准和方法体系，支持国内期刊发表一流成果，发挥好同行评议的作用。对于从事成果转化等工作的人员，注重评价其创造的经济价值，引导研究人员根据兴趣和特长选择职业发展路径。

五、大胆重用 40 岁以下的青年科研人员

青年是科技创新的“黄金时期”，诺贝尔奖得主取得奠基性成果的平均年龄为 38.6 岁。青年科研人员均表示，近年来国家在支持青年人成长方面做了大量工作，青年科研人员在资源获取、薪酬待遇等方面有了明显改善，但发展空间有限、上升通道狭窄等问题仍然没有得到根本解决。很多单位评职称仍然需要“论资排辈”，前面的人评不上，青年人就难以“出头”。同时，一些人才项目的评价需要单位推荐，青年人很难有机会。调研中，很多科研人员对自然基金委的“杰青”项目评价较高，一个重要原因在于评审不需要单位推荐，从而给青年人相对公平的竞争机会。大家建议将来能有更多项目采取专家推荐的形式，获得一定数量非本单位的同行专家认可推荐后即可参评，给青年科研人员更多展示自己的空间。

35—40 岁被青年科研人员视作成长的关键期，但同时也是尴尬期。这个阶段的科研人员创新力旺盛，具备了一定的经验积累，本应该大显身手。但现有针对科研起步阶段的支持项目很难覆盖到这个年龄段，参与一般竞争性项目的申报又往往资历不足。青年科研人员表示，要评上高级职称，普遍需要参与大项目的经历。但往往只有大牌专家才能够“领衔”大项目，青年科研人员只能在项目组中“打零工”。目前，“杰青”学者的平均年龄已由设立之初的 38 岁左右增长到 43 岁左右，40 岁以下科研人员获得“杰青”的机会越来越少。设立“杰青”的目的是支持有潜力的青年

科研人员，但现在的评审越来越依靠已经取得的成果，这在一定程度上偏离了初衷。

我们认为，当前国际科技竞争日益激烈，各国都在大力争夺科技人才，特别是青年人才。我们应把更多资源向青年科研人员倾斜，加大投入和支持力度，创造更多条件让他们挑大梁、担重任，在安排一些科研任务时，应把40岁以下青年科研人员牵头作为硬性要求。实践表明，科研起步阶段的5—10年对科研人员的整个职业生涯影响很大，应注重在这一阶段提供普惠支持和公平激励，充分发挥稳定性支持经费的撬动作用，给予青年科研人员自由选择研究领域的空间。在人才和项目评价方面，可以采用多元化的渠道，将单位推荐、行业协会推荐、同行专家推荐等方式结合起来，让青年科研人员有更多机会崭露头角。在评价内容上要改变目前过于注重学术成果的导向，更加突出成长性和发展潜力，创造条件让青年科研人员通过项目出成果，而不是通过成果争项目。

积极打造高质量的创业投资促进“三新”经济蓬勃发展

党小卉　刘一鸣

创业投资是创新资本的活跃“基因”，也是现代金融体系的重要组成部分。当前我国经济正朝着高质量方向发展，以新产业、新业态、新模式为代表的“三新”经济在经济结构调整和产业转型升级中发挥日益重要作用，高质量的创业投资成为促进“三新”经济蓬勃发展的重要源动力。

一、我国创业投资市场呈现新变化新趋势

1.创业投资市场降温，分化态势日益明显。2019年以来，受国内外经济形势和金融监管环境等因素影响，我国创业投资市场大幅调整，股权投资市场募、投、退均呈现新变化。清科研究中心发布数据显示，2019年上半年，我国股权投资市场管理基金总规模超10万亿元，但募资有所下滑，新募基金数1190只，共募

集 5729.56 亿元，募资规模同比下降 19.4%。投资市场降温，创业投资机构出手谨慎，投资金额 2610.91 亿元，同比下降 58.5%；涉及投资案例 3592 起，同比下降 39.1%。受市场环境影响，退出案例数下跌至 831 笔，同比下降 33.6%；被投企业 IPO 案例增至 471 笔，但回报倍数走低。目前创业投资市场两极分化趋势明显，资金和优质项目向头部创业投资机构和行业龙头集中，高度专业化运营的头部基金“马太效应”凸显。

2. 专业创业投资逐步向“三新”经济领域积聚。随着创业投资向专业化方向发展，创业投资基金与“三新”经济融合日趋紧密。2019 年上半年我国创业投资市场风险投资基金（VC）投资金额 232.04 亿美元，主要集中于互联网、大数据、人工智能、生物制药、新材料和新能源技术等新兴领域。另据有关统计显示，在科创板首批 25 家企业中，有 23 家获得私募基金投资，占比高达 92%，提供资金约 124 亿元。近些年，我国创业投资机构持续提高服务实体经济、实现科技企业资本化的能力，挖掘高成长企业，助力创新创业，培育出众多“三新”经济明星企业。比如，拼多多、美团点评、腾讯音乐等知名企业在资本市场成功实现 IPO，字节跳动、滴滴出行、大疆创新等非上市公司发展成为“独角兽”企业。

二、当前我国创业投资行业面临募退两难困境

今年以来全球经济增长放缓，国内经济下行压力加大，叠加金融监管趋紧、市场降温等因素，创业投资行业募退两侧承压，其中“募资难”问题尤为突出。

1. “资管新规”引发银行资金大量撤出。2018 年 4 月，中国

人民银行等四部门联合发布《关于规范金融机构资产管理业务的指导意见》（“资管新规”），禁止新发行银行公募理财产品参与私募股权投资基金，要求对投资私募股权投资基金的银行公募理财产品进行整改。尽管“资管新规”明确规定了整改时间，并设置过渡期至2020年底，但大量银行理财资金在“资管新规”刚一发布就立刻停止向已经签署认缴协议的私募股权投资基金出资，由此引发国内私募股权市场出现调整，募资规模呈“断崖式”下跌。

2. 保险资金出资创业投资基金受限。目前银保监会、证监会等部门对创业投资基金涵义和界定不一，相关政策对创业投资基金的界定标准也不相同，主要体现在对在基金业协会备案的私募基金投资界定不够清晰，相应优惠政策范围较为模糊。特别是保险资金监管政策界定的“创业投资基金”范围较窄，规定的投资方向也仅限于创业早期企业，创业投资基金规模不得超过5亿元，保险资金出资不得超过1亿元。而目前我国专业创业投资基金募资规模一般均超过5亿元，如果在基金业协会备案为“创业投资基金”，很难募集到保险资金，因此许多创业投资机构将基金类型备案为“私募股权投资基金”，但这又难以享受创业投资基金投资“三新”经济的优惠政策。

3. 获得政府引导创业投资基金支持难度加大。设立政府引导创业投资基金，目的是发挥财政资金的杠杆效应，带动社会资本参与创业投资，克服单纯通过市场配置创业投资资本的市场失灵问题。过去几年，政府引导创业投资基金迅速发展，但随着创业投资市场逐渐成熟，其运作模式与创业投资行业发展趋势出现分化。如政府引导创业投资基金较高的“返投”比例和创业投资基金“投新投好”的投资取向出现矛盾冲突；政府引导创业投资基金出资决策流程过长，包括后续出资需要多层审批，不符合市场化创业投资基金追求时效性的特点；政府监管部门更加注重资金安全，而创业投资基金则追求利益最大化。与此同时，申请政府引导创业投资基金支持的私募股权投资机构数量激增，导致大部分政府基金大幅提高申请门槛和标准。

4. 社会资金参与创业投资基金规模大幅下滑。上市公司大股东、非上市民营企业均是私募股权创业投资基金的重要社会投资人。随着企业融资难度增加，上市公司大股东质押平仓频发、民营企业资金链紧张，维持自身运转资金已经较为困难，更无力参与投资私募股权的创业投资基金，尤其在资金压力加大的情况下，许多企业不得不以较低价格转让其持有的创业投资基金份额，以获取流动资金。

5. 高净值个人投资创业投资基金意愿下降。高净值个人是创业投资基金的重要投资力量，通常直接认购基金或通过认购股权投资母基金间接参与创业投资。近些年，为鼓励创业投资基金发展，国家出台一系列税收优惠政策，但目前监管部门对“创投企业”和“创投基金”的界定尚不明确、统一，多数创业投资基金仍以股权投资基金形式备案，因此高净值个人无法享受到投资“创业投资基金”的税收优惠政策。地方税务部门对未备案为“创业投资基金”的个人合伙人通过基金股权转让获得的收入，均按“生产经营所得”5%—35%的累进税率征缴个人所得税，而且还追缴过去项目退出的个人所得税，对高净值个人投资创业投资基金的意愿影响较大。

此外，创业投资基金还存在“退出难”问题。这主要因为：一是早期风险投资机构投资普遍风险高、成功率低、退出周期长，退出渠道少，且相对单一。二是境内IPO门槛仍然较高。目前IPO

政策处于审核制向注册制的过渡期，股权特殊结构如红筹股海外股东退出路径政策尚不明确，市场认为政策存在不确定性。三是创业投资基金界定标准和范围偏窄，难以享受减持优惠政策，且减持只能现金退出造成市场抛压。特别是创业投资基金作为一级/准一级市场投资者在上市后退出时间延长的政策，大大提高投资成本，对创业投资基金投资“三新”经济领域影响较大。

三、鼓励创业投资发展的政策建议

考虑到当前我国创业投资市场和“三新”经济发展现状，以及创业投资行业发展面临的问题和挑战，建议相关部门进一步培育壮大创业投资市场，打造创业投资基金专业化运营品牌，推动创业投资基金行业实现高质量发展。

第一，改善创业投资的募资政策环境，引导长期资金参与创业投资基金投资。一是在加快构建私募基金基础性税收政策体系的同时，进一步完善创业投资基金税收优惠政策。二是准确界定私募基金的法律内涵。明确私募基金行业内的证券投资基金、创业投资基金以及其他类股权投资基金的投资边界，为相关部门实行差异化监管提供法律依据。三是为保险资金投资各类私募基金特别是创业投资基金解除法律政策障碍。鉴于《国务院关于促进创业投资持续健康发展的若干意见》和《私募投资基金监督管理暂行办法》已经对“创业投资”作出明确规定，建议取消《关于保险资金投资创业投资基金有关事项的通知》中对“创业投资”所作的界定，放宽保险资金投资创业投资基金的限制。四是规范和引导民间资本、高净值个人等参与投资创业投资基金。为促进短期资金变为稳定的长期投资，建议适时建立长期投资的合格投资人制度。

第二，改善创业投资基金的退出政策环境，支持创业投资行业与资本市场有机衔接，建立投资—退出—再投资的良性循环机制。一是鉴于市场对科创板及其试点注册制改革反应良好，建议相关部门加快将注册制经验逐步推广至创业板，乃至A股市场，让“三新”经济领域的企业实现与资本市场有效对接。二是考虑到科创板允许未盈利、特殊股权结构、红筹等企业发行上市，相关部门应加快出台红筹企业上市存量股流通的政策配套措施，吸引更多优质红筹企业回归国内资本市场。三是修订和完善《上市公司创业投资基金股东减持股份的特别规定》。适当放宽创业投资基金标准，让更多创业投资基金享受“股票锁定和持有期限实行反向挂钩政策”，同时积极探索创业投资基金借助上市公司定向增发股票方式实现退出的反向挂钩政策。四是建议相关部门允许符合条件的创业投资基金在A股市场上市后向基金投资人直接分配股份，以缓解创业投资基金在退出压力下、限售期满后加速减持对市场造成影响，同时留住看好上市公司长期价值的战略投资者和投资资金。

积极引导电子商务线上线下融合创新发展

刘若霞

近些年，全国电子商务迅速崛起，成为创新发展最为活跃的领域之一。义乌在电子商务发展方面很有特色，对此我们做了专题调研，并前往被誉为“中国网店第一村”的青岩刘和“中国网红直播第一村”北下朱，亲身感受到了这里旺盛的创业创新氛围。现将有关情况报告如下。

一、电子商务领域创业创新活跃

依托小商品批发市场在商贸、物流、人才等方面积累的优势，义乌因地制宜制定了一系列促进举措，电子商务持续快速发展。

一是新业态新模式迅猛增长。近几年，随着互联网社交平台、直播平台等快速兴起，社交电商、直播电商等新业态新模式在青岩刘村、北下朱村生根发芽，初步形成了“晚上直播、白天组货”的营销模式。据不完全统计，义乌目前拥有各类直播服务机构40多家，汇聚全国各地“网红”3000多名，产品供应、直播营销、内容制作、网红培训等相关从业人员约6万人，“直播+电商”模式带动新增销售额超200亿元。

二是传统商贸焕发新的活力。今年，商城集团在国际商贸城开设了直播间，小商品市场开始探索引入直播电商业态。目前已有3000余家经营户、累计开展直播约5700余场、观看人数达1200万人次，带动商户业绩较快增长，效益好的商户一场直播销售额可达到15万元。“实体市场+网络直播”线上线下融合的营销模式为国际商贸城拓展了新的市场空间。

三是电商创业孵化水平提升。在青岩刘村，不仅建成了集展示、路演、沙龙、培训等功能于一体的创新孵化中心、以销售进口产品和农特产品为主的电商创业大街，还着力打造了以互联网配套服务为主的文化创意园、以新概念电商为主的“网红”基地、以人才孵化为主的电商学院、以党建引领服务电商的党群服务中心等，累计向全国20多个地市输出电商创业服务，建立合作关系的园区超过20家，开展电商培训2万余人次。

四是辐射带动效应逐步凸显。得益于电子商务的创新发展，北下朱村从一个只有商铺1200间、户籍人口1400人的小村子，发展成为聚集电子商务持照市场主体4500余家，快递企业30余家，产品品牌1000多个的新零售社交电商市场。电子商务不仅带动了当地物流快递、文化创意等相关产业发展，义乌还积极开展“汶川青年电商种子计划”等电商扶贫，20余名汶川青年代表经过免费营销培训和创业辅导，成功销售脆李、杏子、车厘子等农特产品超过百万元。

二、义乌电子商务创新发展的做法

一是线上线下融合，夯实电商创新发展基础。在产品方面，义乌电子商务发展依托国际商贸城的线下资源，充分发挥小商品集散地的组货优势。据估算，青岩刘村超过60%的线上卖家以义乌国际商贸城为网货基地，产品种类包括服装、饰品、化妆品、日用品和小家电等。在营销方面，通过线上直播展示推介、线下实体店体验相结合的方式，加强与消费者互动。一个卖家介绍，通过线上线下活动圈了一批“粉丝”，再进行精准“粉销”，一个砂锅单品年销售额达8000多万元，其中线上6000万元左右，线下2000万元。

二是发展职业教育，校地协同推进产教融合。青岩刘村毗邻义乌工商职业技术学院，双方积极开展交流合作，于2015年共同打造全国首个大学生创业实验室。随后义乌工商职业技术学院成立了创业学院，将教学、创业、社会培训服务相结合，开创了校地联合培养新模式，为义乌乃至全国电商创新发展培养了一大批专业人才，成为电商领域的“黄埔军校”。一位来自台湾的创业者向调研组介绍，在这里不仅有理论学习和创业辅导，还能直接参与网店设计、产品直播销售等“实战”，收获很大。

三是规范市场秩序，促进电商持续健康发展。针对目前直播带货存在的商品质量不高、部分食品有待安全认证、部分主播夸大宣传甚至虚假营销等问题，青岩刘村建立了新概念“网红”基地，引导品牌产品集散、诚信主播集中、直播产业集聚发展，推动直播电商由“小散乱”向品牌化、规范化、标准化方向发展。入驻企业各展其能加强质量控制，据某陶瓷砂锅电商介绍，为了从源头控制产品质量，公司参股了陶瓷生产企业，共同开发新产品。义乌通过营造公平竞争、放心消费的市场环境，促进电子商务创新提质增效。

三、几点建议

一要坚持实行包容审慎监管。电子商务领域创新活跃，要本着鼓励创新的原则，量身定制监管模式，积极探索适应新业态特点、有利于公平竞争的公正监管办法。对与现有监管规则和标准不相符的新业态新模式，要分领域分类别深入研究，给予一定的“包容度”，设置一定的“观察期”，避免用老办法管死新业态。要深化“放管服”改革，不断优化营商环境，通过创新监管方式提高监管效能，不断激发大众创业万众创新活力。

二要引导电商规范健康发展。当前，社交电商、直播电商等在快速扩张过程中出现了一些乱象，必须强化底线思维，严厉打击损害人民群众生命财产安全的违法行为。要结合落实《电子商务法》，加强网络市场监管，落实网络交易各方主体责任，对线上线下侵权假冒行为实施全链条治理。加强食品、药品、化妆品等安全工作，打击侵犯知识产权和制售假冒伪劣商品行为，发挥好企业、行业组织、社会各方作用，畅通举报渠道，加大查处力度，有力保障消费者权益。

三要加快完善社会信用体系。完善的社会信用体系是有效治理电子商务领域乱象的“紧箍咒”。要推动部门协同联动，加强数据信息整合，打破部门间“信息孤岛”，加快构建全国统一、开放共享的社会信用体系。要加大信用监管力度，对严重失信主体实行跨部门联合惩戒，让违法者一处失信、寸步难行。

关于明年网络提速降费的有关建议

刘若霞　张军立

近日，围绕网络提速降费任务落实情况和2020年工作考虑，我们与有关方面进行了专题研究，现将有关情况报告如下。

一、网络提速降费取得良好成效

年度目标任务圆满完成。提速方面，开展城市千兆宽带入户示范，在超过300个城市部署了千兆宽带网络，覆盖用户规模超过1500万户，接入用户达50.9万户。行政村光纤通达率、4G通达率均超过98%，提前完成“十三五”规划目标。颁发5G牌照，建设5G基站8.6万个。降费方面，截至8月底，移动网络流量平均资费较2018年底下降38.3%，中小企业宽带和专线平均资费较2018年底分别下降30.7%和23.8%，均超过《政府工作报告》目标要求。携号转网有序推进，系统已于11月10日上线试运行，预计11月底面向全国提供服务。

群众满意度明显提升。根据国家计算机网络与信息安全管理中心舆情监测显示，97.59% 的网民对网络提速降费持中立和积极态度，仅 2.41% 的网民持负面态度。中国消费者协会也反映，电信服务投诉量在全部投诉中的占比较低且逐年下降。据消费者反映，“降费后用流量不心疼了，不用再到处找 Wi-Fi”“业务办理更方便，很多在手机上就可以办理，不用到营业厅排队了”。

支撑数字经济快速发展。网络提速降费红利持续释放，带动电子商务、移动支付、网络视频等相关产业迅猛增长。今年前三季度网上零售额、移动支付等继续保持两位数增长。高清视频等大带宽、高速率应用越来越多，据《中国互联网发展报告》显示，截至 2019 年 6 月，网络视频用户规模达 7.59 亿，较 2018 年底增长 3391 万。传统产业数字化转型步伐加快，“互联网 +”向工业设计、控制等核心环节延伸，大幅提高生产效率。研究机构预测，2019 年全年数字经济规模将达 35 万亿元。

二、网络提速降费仍然存在不少问题和困难

一是网络服务质量亟待提升。消费者协会反映，电信服务投诉较多是断网、卡网等网络质量问题。舆情监测也显示，今年网民质疑较多的是 4G 降速为 5G 让路、营销推广套路多、资费公示不规范等问题。究其原因是某些地区运营商“以用户为中心”的服务意识不到位，过度价格竞争而忽视服务竞争，导致群众对提速降费的获得感大打折扣。

二是消费者对提速降费感知度难再提升。从用户侧看，我国用户规模逐渐见顶，流量使用趋于饱和，提速降费用户感受边际增量大幅降低。截至 8 月底，4G 用户规模达 12.57 亿户，用户日

均上网时长接近一天的1/6，用户月均移动流量使用量达8GB，显著高于全球平均水平。从行业端看，5G进入大规模网络建设期，投资压力较大但电信企业营业收入和利润已出现“双下滑”，行业发展面临一些困难。

三是降低制造业企业用网成本还需加大力度。一直以来，网络提速降费主要面向个人和家庭，激发带动了消费互联网领域新产业新业态新模式的蓬勃发展。随着新一代信息技术向生产领域延伸，制造业企业用网需求增长较快，但目前网络建设、速率分配、资费标准等都围绕消费互联网构建，制造业企业受惠有限。

三、关于明年网络提速降费工作的建议

总的来看，当前我国网络覆盖和接入速率全球领先，网络资费处于全球较低水平，但网络质量较发达国家还有不小差距，服务水平还有较大提升空间，制造业用网成本偏高。明年是5G建设的关键之年，应统筹兼顾推进网络提速降费与信息通信业发展，有针对性降低制造业用网成本，更好服务实体经济发展。

一要研究制定新时期宽带中国战略。2013年起实施的《宽带中国》战略，对我国网络基础设施建设、经济社会发展和人民生活水平提升发挥了重要作用。《宽带中国》战略规划部署到2020年，明年进入收官阶段。当前，新一代信息技术加速向经济社会各领域渗透，我国信息通信业发展条件和环境发生深刻变化，应加强顶层设计和统筹协调，研究制定新时期宽带中国战略，推动我国信息通信业高质量发展。

二要加快推进5G通达地市。今年5G基站建设主要集中在一线城市和重点地区，覆盖范围有限，商用场景较少。明年应加快

在全国300多个地级市推动5G网络建设，基本实现在城市热点地区具备提供5G网络服务能力。在无人驾驶、工业互联网等重点领域开展5G应用试点示范，大力培育应用场景，加快5G商用步伐。

三要持续推进千兆宽带网络建设。目前，千兆宽带网络建设处于起步阶段，主要受制于应用场景不多、用户增长有限。下一步应继续开展千兆宽带网络入户示范，扩大接入用户覆盖范围，积极拓展远程医疗、远程教育、超高清视频等领域的高速宽带网络应用，打造应用需求与网络供给互促共进的良性循环。

四要降低制造业企业用网成本。面向制造业领域精准降费，促进制造业转型升级。经研究，明年可考虑将制造业企业宽带和专线资费降低15%。积极探索适应工业互联网领域需求的网络分配、资费标准等，助推工业互联网发展。

建议制定实施中国氢能战略 统筹布局氢能与燃料电池产业发展

——氢能与燃料电池产业调研报告（上）

邢建武　李钊　王峰

氢能是清洁高效的二次能源，单位质量氢产生的能量是天然气、石油、煤炭的2.5—5倍，被视为人类21世纪的战略能源。近几年，随着燃料电池等技术日趋成熟，主要发达国家纷纷出台实施氢能战略，加紧技术产业布局，力图抢占发展先机。相比之下，我国尚未系统部署、总体差距较大，亟须从国家层面明确氢能战略定位，加快布局推动氢能发展。

一、全球氢能发展进入产业化导入期

自1839年燃料电池被发明后，氢能技术长期处于实验研究之中，直到21世纪初才真正开始产业化。2014年以来，全

球氢能发展大幅提速，燃料电池销售年均增长44.6%。在2019年6月召开的G20能源与环境部长会议上，国际能源署发布了最新报告《氢能的未来》，并指出当前氢能发展势头前所未有，已到了拓展升级技术、加快成本下降、推动氢能广泛应用之时。

在这一趋势下，主要发达国家都加紧了氢能战略的部署实施，日、德、法、澳、韩以及欧盟都在近两年里相继发布或更新了氢能路线图。综合分析各国战略及推进情况，突出表现为6个特点：

一是政策层级上，已上升为能源战略的重要组成甚至国家战略。在2010年以前，氢能发展曾出现三次高潮，但主要考虑都是交通领域能源替代。近几年，随着氢能在诸多领域展示出潜力，各国都将其上升到能源革命高度。日本不仅将氢能定为与电力、热能并列的核心二次能源，还提出“氢能社会”发展目标。韩国则将氢能与大数据、人工智能，并列为三大战略投资领域。

二是推进路径上，形成了重点突出、层层递进的发展策略。典型如日本，第一阶段是通过政府补贴创造市场，支持企业加强研发、扩大规模，推动成本加快下降；第二阶段主要以燃氢发电为过渡，推动氢能的大规模供给体系提前建立；第三阶段发展到利用本土和海外的可再生能源制氢，最终实现各应用领域的零碳排放。

三是组织模式上，普遍建立了战略统筹和组织实施两层管理架构。战略统筹主要由专门政府机构负责，美国为能源部“燃料电池技术办公室”，德国则是组建了由交通通信、经济能源等4部门人员构成的“氢能与燃料电池技术组织”。组织实施主要由基于公私合作伙伴关系的非营利机构负责，如“欧洲氢能和燃料电池平台”等。

四是政府支持上，政策重心正从研发验证转向更多支持推广应用。21世纪第一个10年，各国曾密集出台专项研发计划，预算总和一度超过10亿美元。2010年前后，各国政府的研发投入开始减少，但推广应用明显加强。比如日本家用燃料电池推广项目，2009年启动时政府补贴近1/2，至今仍保持在10%。再如欧洲加氢站和车辆推广计划H2ME，欧盟直接出资6700万欧元，约占资金总额50%。

五是阶段重点上，当前都不约而同把氢燃料电池汽车和加氢站推广摆到首位。如日本，尽管目前车辆推广仅3000辆，但2025年目标是20万辆。韩国提出氢燃料电池汽车和燃料电池都要在市场占有率上达到全球第一，2022年就要推广6.7万辆。欧洲则是超前布局加氢站网络，2025年目标为1500座。美国仅加州就要在2025年建成加氢站200座。

六是参与主体上，除了汽车和燃料电池企业，能源、工业气体等行业巨头也已开始大规模布局。2011年，新日本石油等10家企业就与丰田、本田和日产共同宣布，在日本合作建设加氢站；去年，相关企业又联合成立了“日本H2 Mobility”公司。林德气体、法液空、BP、壳牌、道达尔等，也都参与了欧盟H2ME计划，并入股各国加氢站运营商H2M。

总的看，当前主要发达国家对发展氢能已形成高度共识，各国战略正转入全面推进、系统实施的新阶段。国际氢能委员会预计，2050年全球氢能需求将比2015年增长9倍，占终端能源需求18%；相应减少CO_2排放6Gt/年，相当于实现“全球升温不超过2℃”目标20%的减排量。同时，还将创造产值2.5万亿美元，如算上燃料电池汽车等产品，总产值高达4万亿美元。

二、加快我国氢能战略布局十分重要

对我国而言，加快发展氢能不仅是推进能源革命的需要，也是充分发挥我国综合优势、强化能源安全保障、加快汽车产业升级、推进生态文明建设和培育新的经济增长点的需要。

一是有利于发挥我国能源禀赋优势，大幅减少石油、天然气消费。我国“富煤、贫油、少气”，当前氢能技术的加快发展，为我国充分利用煤炭、可再生能源等优势进行石油、天然气替代，提供了十分有利条件。短期看，通过副产氢提纯等传统途径，即可新增制氢超过1000万吨，相当于目前柴油消费量的16.8%。长期看，随着可再生能源占比提高，我国制氢规模可达亿吨级。仅考虑电网平衡，2050年就需要将12%的电力转化为氢能，制氢规模约3600万吨。

二是有利于健全我国电动汽车技术体系，实现储能电池和燃料电池双轮驱动，加快汽车强国建设。当前业界已普遍认为，由于能量密度等因素，未来交通运输的中重载、长续航场景将以燃料电池为主，储能电池主要适用轻载、短续航场景。这意味着，随着燃料电池快速发展，全球汽车产业势必加速格局重构，给我国汽车产业带来新的挑战。进一步加快燃料电池发展，实现氢电互补、相互促进，已成为我国汽车产业加快由大变强的必由之路。

三是有利于大幅削减汽车尾气排放，加强生态文明建设。据生态环境部数据，目前移动源排放是我国大城市$PM_{2.5}$的首要来源。如将机动车占比约5%的中重型货车、大中型客车替换为燃料电池汽车，可削减其中NO_x和PM排放80%以上。未来随着低碳氢能在电力、工业、建筑用能等领域广泛替代化石能源，更将大幅减少温室气体和各类污染物排放。

四是有利于培育形成新的经济增长点，带动相关产业发展。参考欧洲“2030年投资和销售合计1300亿欧元”的预测，我国如果加快布局谋划，预计届时也能在氢能这一新赛道上，打造形成万亿规模的战略性产业。明后两年，随着氢能基础设施、燃料电池等的加速发展，预计可拉动投资和销售500亿—1000亿元。

三、我国发展情况及面临问题

尽管我国发展起步较晚，但近几年在有关企业和科研院所大力推动下，我国氢能与燃料电池的研发和产业化也取得了一定进展。一是车用燃料电池核心技术加快掌握。现已开发出60—90kW级的第二代燃料电池系统及电堆，多款产品进入小批量装车验证或样机测试阶段。截至今年6月，我国氢燃料电池汽车累计推广已逾5000辆。二是产业链初步培育形成。电堆、膜电极、双极板、空压机等关键部件已国产化，加氢机等站用关键装备也陆续取得突破。三是氢能基础设施发展有所加快。截至今年6月，建成加氢站总数已达28座，特别是近半年新增了5座，预计年内突破40座。作为过渡路线的副产氢提纯、煤制氢等，已有一批大中型项目进入规划论证。

必须清醒看到的是，与发达国家比，我国起步晚了十几年，各方面都存在不小差距。技术上，车用燃料电池才刚开发出第二代产品，而日韩第三代产品后年就可能上市；固体氧化物燃料电池（发电或热电联供用）等技术路线，我国还未明显起步。产业上，虽然部分燃料电池企业进入快速成长期，但相比日韩的大集团内部布局，我国企业实力偏弱。氢能基础设施上，中石化、国能集团等央企国企虽已开始布局，但总体还在观望国家导向，尚未明显发力。制氢储能、氢能发电、分布式热电联供等领域应用，我国也总体还在初期探索阶段。特别是规划政策上更加滞后，严重制约了氢能发展。

首先，顶层设计缺失。氢能发展既涵盖煤电油气运等整个能源生产供应体系，又涉及交通、建筑、工业等诸多市场应用，是一个复杂系统工程，从市场导入到商业化也需要十余年时间。相比发达国家早已作出全面布局，目前我国仅对部分领域的技术研发提出方向和目标，产业规划方面除汽车领域其他几乎空白，系统性、阶段性的战略安排更是缺失。

其次，管理体系不畅。由于氢能尚未纳入能源管理，我国主管部门仍在缺位之中，也未能形成部门之间的协同联动。这不仅造成各环节、各领域发展脱节，行业准入也成了突出障碍。例如加氢站，由于规划、土地、审批、监管等要求不明确，地方即便特批也需近 30 道审批。

再者，标准规范滞后。与天然气一样，氢气虽属危化品，同时也是能源载体。国际上，各国早在十余年前就开始放宽管制，逐步降低了原先保守的标准规范，但我国普遍要求过严、规定过细。如压缩机和加氢机间距 4 米；而日本、英国均无此项，德国只要求 0.5—1 米。同时，关键标准缺失、检测能力不足也很突出。如液氢储运和站用装备，发达国家均有标准，我国却是空白；行业也普遍缺乏氢气品质检测等手段。

最后，政策支持不足。一方面，研发支持有待加强。2018 年，我国财政对氢能技术研发的投入仅 7 亿元左右，约为日本、欧盟的 1/2 和 1/3。如按累计投入计算，差距更是明显拉大。另一方面，推广政策系统性、稳定性不足。一是现有政策主要集中在氢燃料电池汽车，其他领域缺乏支持，对加氢站虽有部署但尚未落实。二是政策调整与产业节奏不相匹配。目前，燃料电池产业还处于打基础阶段，但原定“燃料电池汽车补贴2020年前不退坡”政策今年已调整。按新政策规定，今年新能源汽车补贴调整有3个月过渡期，在此期间燃料电池汽车按原标准8折执行，新标准将另行制订。然而，最近过渡期已结束，新政策却仍未出台，对产业可能造成半年以上影响。

在当前全球发展不断提速、发达国家加紧布局的形势下，解决上述问题显得愈发紧迫。需要指出的是，氢能发展环节多且复杂，对行业协调依赖度极高。如能充分发挥我国体制优势，我们完全可以在较短时期实现技术追赶和跨越发展。

四、建议加快制定我国氢能战略

针对国内现状和面临问题，我们认为当前应综合考虑我国体制优势、市场需求、能源禀赋和产业基础，远近结合、系统谋划，抓紧开展以下四方面工作：

（一）坚持战略引领，着力强化顶层设计。尽快从国家层面制定中国氢能战略，明确各阶段策略安排和重点。建议从各方积极性高、商业化进程快的氢燃料电池汽车出发，按照“交通领域推广为先导、核心技术突破为关键、氢能基础设施为支撑、氢能供给体系紧密衔接、其他行业应用梯次跟进”的路径，细化制订各领域路线图，并在研发、应用、标准、“放管服”改革等方面设定一批优先事项。

（二）坚持协同联动，建立健全推进机制。一是建立跨部门协调机制，并设立专职办公室，统筹氢能战略落地实施。二是借鉴国际经验，依托现有行业组织和科研单位，组建基于公私合作伙伴关系的专职机构，负责组织行业力量研究制定技术路线图，协同开展前沿共性技术的研发验证。

（三）坚持适度超前，加快基础设施建设。落实今年《政府工作报告》要求，抓紧“推动充电、加氢等设施建设”。近期，应立足行业急需，借鉴发达国家做法，制定专项财税政策，支持新建改建一批加氢站。同时，参考天然气加气站管理，出台加氢站审批管理指导意见。着眼长远，应重新评估设定建设目标和制储运加路线图，在尚未布局领域部署一批示范项目。坚持包容审慎监管，推进急需标准规范制修订和创新试点。着力加强标准制订、技术检测等能力建设。

（四）坚持政府引导，加大研发推广支持。一是进一步加强研发支持。重点推动催化剂等关键材料攻关，加强固体氧化物等燃料电池研发，推进制氢、储运、加注等技术和装备的研发验证。二是完善推广应用补贴政策。近期“以稳为主”，适度减缓退坡，支持骨干企业加快完善研发体系，提升全产业链成熟度。另外，鉴于当前已出现政策真空，建议尽快制定发布今年政策。三是加快重点地区推广应用。优先在京津冀、长三角、珠三角和汾渭平原等大气污染较重、氢源相对富集地区，通过规划引导、政府采购、路权优先等措施，推进公交、物流、市政等领域燃油车替代。

关于优化完善我国氢燃料电池汽车推广应用财政补贴政策的若干建议

——氢能与燃料电池产业调研报告（下）

邢建武

从我国新能源汽车发展历程看，实施财政补贴政策是一项关键举措，对纯电动汽车及锂电池产业的快速崛起发挥了重要作用。当前我国燃料电池的技术成熟度，已接近2012年“十城千辆”结束时的锂电池水平。今后2—3年，正是加快扩大应用、推动技术迭代、实现规模效应的关键期。但随着发展阶段和形势变化，当前政策已不相适应，亟须予以优化完善。

一、推广应用财政补贴政策情况及成效

从国际看，通过财政补贴支持市场推广，是各国发展新能源汽车的普遍做法并沿用至今。比如美国，2005年就立法确定以税

收抵免形式，对新能源汽车及基础设施给予补贴，购车最高可获7500美元；此外还有31个州提供额外优惠，如加州最高补贴5000美元。再如日本，目前氢燃料电池汽车Mirai售价690万日元，国补金额高达202万日元，同时地方政府也会追加，如在横滨就可获补贴95万日元，合计占车价40%。韩国以及德国等欧洲国家也大多采取直接补贴，仅少数国家采取税收抵免，但实质上没有差别。

2009年，我国启动“十城千辆”推广工程后，就试点实施了推广应用补贴政策。2013年，财政部等4部门发文在全国范围正式实施。此后，随着产业发展水平提升，补贴标准进行了多次调整，如纯电动乘用车、客车的最高补贴已从6万元和50万元，逐步降至2.75万元和9万元。同时，技术门槛也陆续提高，并要求地方补贴不得超过中央的50%。

相比之下，氢燃料电池汽车补贴标准在2019年以前基本不变，且没有“地方不得超过中央补贴的50%”限制，仅技术门槛有所提高（今年过渡期标准见表1）。正是由于政策的特别鼓励和支持，我国燃料电池发展不断加快。2016—2018年，氢燃料电池汽车销量依次达到629、1272和1527辆，今年仅前6个月，销量就已突破1200辆。特别是目前推广的都为商用车，充分体现了燃料电池的重载、长续航优势；同时行业也率先日韩，积累了大量货车开发和商业模式创新等经验。

表 1　2019 年氢燃料电池汽车补贴标准和技术要求

车辆类型	补贴标准（元 / kW）	补贴上限（万元 / 辆）	技术要求	
			额定功率	纯电续驶里程
乘用车	6000	16	≥ 10kW	≥ 300 公里
轻型客车、货车	/	24	≥ 30kW	
大中型客车、中重型货车	/	40	≥ 30kW	

注：1. 燃料电池系统的额定功率与驱动电机的额定功率比值不低于 30%，介于 0.3—0.4 的按 0.8 倍补贴，0.4—0.5 的按 0.9 倍补贴，0.5 以上的按 1 倍补贴。

2. 从注册登记日起 2 年内运行不满足 2 万公里的不予补助。

二、现行政策在新阶段下面临的问题

调研中，我们发现由于商用车市场与乘用车不同，氢燃料电池汽车也有其自身特点，在产业技术水平逐步提高情况下，现行政策已出现若干不适应之处。

一是补贴标准和要求不利于扩大应用范围。与乘用车相比，商用车的一个突出特点是，总质量和续驶里程的需求范围明显更宽。如货车吨位低的只要 1.8 吨、高的需要 49 吨，续驶里程要求也在 200—1000 公里。对应地，燃料电池功率最低要 30kW，最高需达到 300kW，储氢量则是 3—100kg。但按现行政策，中重型货车为定额补贴 40 万元，并要求功率不小于 30kW、里程不低于 300 公里。企业出于成本压力，多集中开发贴近门槛的 7.5 吨货车（如图 1）。这不仅限制了市场范围，也减弱了企业研发大功率燃料电池和高密度车载氢系统的动力。

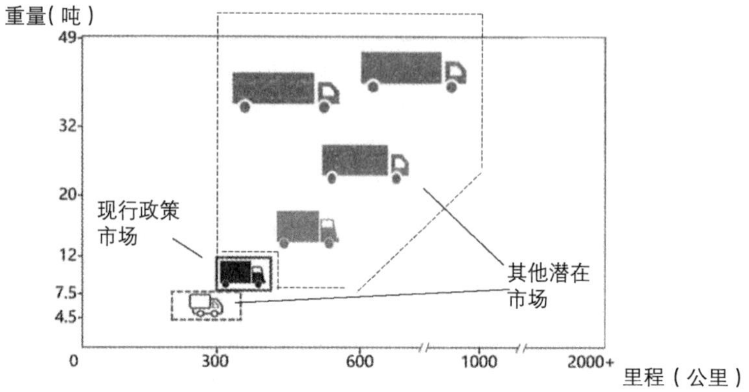

图1　现行政策市场与其他潜在市场的比较

二是纯电行驶里程要求不利于行业优胜劣汰。现行补贴政策要求，氢燃料电池汽车续驶里程不低于300公里，但300公里只要是纯电行驶即可。这就造成部分企业打政策擦边球，以低水平燃料电池搭配大容量锂电池来满足要求，实际运行中多以外部充电驱动车辆，而非通过燃料电池发电。随着推广规模扩大，这种情况必然造成部分财政资金无效使用。

三是加氢站投资运营未得到有效支持。当前全球加氢站都还处于发展初期，投资成本总体较高，同时又还面临着“先有鸡，还是先有蛋”问题。从用氢需求看，由于现阶段车辆规模小、未来发展不确定，投资加氢站面临较大风险，以致企业想投也不敢投，但车辆推广又首先取决于是否有站配套。从购氢成本看，同样由于不确定性，企业新上规模制氢项目也是犹豫不决，这样氢气成本就很难降下来。为解决这一问题，国际上都对加氢站建设给予了大力支持。我国也曾在2014年出台政策，对“日加氢能力不少于200公斤的加氢站每站奖励400万元”，但2016年政策失效后就再未出台新的政策。

三、关于完善现行政策框架的设想

针对上述问题，建议结合市场规律、产业规律和促进行业优胜劣汰需要，从以下 4 方面对现行补贴政策进行调整完善。

（一）重点促进商用车推广。主要因为，一是有利于加快初期推广。商用车的中重载、长续航要求是燃料电池优势所在，并且商用车大多线路固定、驻地集中，在目前阶段适当布局加氢站即可满足需要。相反地，乘用车不仅初期推广困难，从全生命周期成本和碳减排看也不具经济性。二是有利于避免国际争议。从国际汽车产业格局看，我国商用车竞争优势明显，再考虑到跨国运输成本，外国产品就更难进入国内市场。即使到我国投资布局，项目建设和产业链导入也需要较长周期。因此，只要坚持把重点放在商用车，适当加大扶持力度，即便政策对外国产品开放，也能为产业发展赢取 3—5 年，甚至更长的时间窗口。

（二）科学设定补贴标准。根据商用车需求，设定二维补贴标准，鼓励企业开发更大功率范围、更长续驶里程的氢燃料电池汽车产品。主要思路是，补贴标准上，借鉴纯电动按电池能量密度和续驶里程给予补贴的方式，按燃料电池功率和储氢量（与里程相关）的边际成本设定补贴标准，并且不再区分车型吨位。技术要求上，补贴门槛可设置一定下限，避免氢燃料电池汽车往锂电池可胜任的车型发展，但不再设置上限和补贴总额。这种情况下，单车补贴虽会增加，但实际推广的电堆和氢瓶会增加更多，对产业发展起到更大带动作用，同时还有利于推动电堆、空压机、氢瓶等向更高功率密度和储氢密度发展。

具体操作中，由于设定了补贴门槛，可将门槛线内部分和固定成本纳入定额补贴，超出部分再根据相应标准计算。在标准退坡方面，建议近期小幅退坡，后续根据成本下降情况加快退坡。具体示例如表 2。

表 2　燃料电池商用车补贴标准和技术要求示例

<table>
<tr><td colspan="8">基础定额补贴（万元）</td></tr>
<tr><td colspan="2">2019 年</td><td colspan="2">2020 年</td><td colspan="2">2021 年</td><td colspan="2">2022 年</td></tr>
<tr><td colspan="2">40</td><td colspan="2">35</td><td colspan="2">25</td><td colspan="2">15</td></tr>
<tr><td colspan="4">功率补贴标准（万元 / kw）</td><td colspan="4">储氢量补贴标准（万元 / kg）</td></tr>
<tr><td>2019 年</td><td>2020 年</td><td>2021 年</td><td>2022 年</td><td>2019 年</td><td>2020 年</td><td>2021 年</td><td>2022 年</td></tr>
<tr><td>0.57</td><td>0.52</td><td>0.48</td><td>0.3</td><td>0.4</td><td>0.35</td><td>0.35</td><td>0.3</td></tr>
<tr><td colspan="8">补贴金额 = 基础定额补贴 + 功率补贴 × 超线功率 + 储氢量补贴 × 超线储氢量</td></tr>
</table>

注：补贴门槛为燃料电池功率 30kw、储氢量 6.2kg；因此，超线功率为功率超出 30kw 的部分，超线储氢量为超出 6.2kg 的部分。

（三）完善补贴拨付机制。据专家介绍，目前国家新能源汽车管理平台已对电堆输出功率进行监测，在此基础上可测算出实际氢行驶里程。如以此替代纯电行驶里程，打政策擦边球的企业就会淘汰出局。同时，建议在现有预拨机制基础上，将补贴拨付分为车辆购置、里程达标、超额奖励 3 个节点，并建立严格清算制度，“达标即清、未达追回”，使补贴发放与产品持续使用关联。这不仅有利于引导企业提高产品使用寿命，还能进一步压缩钻政策漏洞的空间。

（四）增设加氢站建设运营补贴。在建设投资上，可采用预拨方式，按加氢能力预拨建设补贴；待售氢量达到一定规模后，方予确认预拨有效。在日常运营上，通过设定合理目标价格和单位 kg 氢气补贴标准，按实际销售量给予运营补贴。具体标准，可参考目前部分地方已出台政策，后续可视成本下降逐步退坡，示例如表 3。

表 3　加氢站建设运营补贴标准示例

投资补贴标准（万元 / 100kg）			
2019 年	2020 年	2021 年	2022 年
50	50	40	30
运营补贴标准（元 / kg，目标价格 35—38 元 / kg）			
2019 年	2020 年	2021 年	2022 年
10	10	7	5
单站补贴总额 = 投资补贴标准 × 日加氢能力 + 运营补贴标准 × 加氢量			

需要补充说明的是，按照车用燃料电池的技术进步速度和市场需求趋势，如果推广政策得当，预计 2021 年、2025 年推广规模约为 1.5 万套和 8—10 万套；并且，国际能源署、美国能源部以及我国业内专家都一致预测，在已取得的技术突破基础上，由于制造工艺不同，燃料电池的成本下降将明显快于过去的锂电池。因此，届时补贴总额将在数十亿元级别，远小于目前电动汽车补贴规模。随着电动汽车补贴在 2020 年后全面退出，将现行氢燃料电池汽车政策适度扩大至加氢站，财政上也具备一定空间。

三、扩大国内有效需求

中国政策专家库部分专家关于扩大国内有效需求、促进经济稳定增长的建议（上）

高振宇

近日，国务院研究室原主任、中国政策专家库专家委员会主任魏礼群同志邀请中国政策专家库部分专家，围绕“学习贯彻党的十九届四中全会精神，扩大国内有效需求、促进经济稳定增长”进行座谈研讨。

与会专家一致认为，当前，我国经济运行在复杂严峻环境下保持了总体平稳，成绩来之不易。同时，经济下行压力加大，有效需求不足问题比较突出。为了促进经济稳定增长，迫切需要在扩大国内有效需求方面采取有力的对策措施。专家们重点从以下3个方面提出了13条具体建议。

一、切实发挥扩大投资需求的关键性作用

专家们认为，扩大投资既能直接扩大国内需求、拉动经济增

长，也能促进经济结构优化、补齐发展短板，推动经济高质量发展。建议广泛吸引带动各方面资金，重点加大对农业农村特别是农田水利设施建设，加大交通运输等重大基础设施建设，加大对中西部地区建设支持力度，加大对与保障民生相关的社会建设投入，促进产业转型升级，推动整个经济全面协调发展。

（一）积极扩大农业农村投资。多位专家建议加大投入力度，支持发展集约化、现代化农业。鼓励农户以耕地承包权入股，兴办合作社、农业公司，发展规模化、设施化、精准化种植养殖业，提高农业科技水平和劳动力生产率。加大水利基础设施建设，提高应对洪涝、干旱等严重自然灾害的能力。专家们普遍认为，广大农村地区仍然是全面建成小康社会的短板，要大力推进农村基础设施建设，促进路水电气信等城乡基础设施一体、互联互通。大力支持农村饮水安全巩固提升等工程建设，分类稳妥推进农村公共空间治理，深入推进“厕所革命”，不断改善农村面貌。

（二）增加城市基础设施投资。专家们认为，近年来我国每年都有大量农村人口进入城市，对城市基础设施建设提出了更高要求，需要与时俱进实行更新改造。大家建议，有条件的大中城市要加快建设畅通便捷的轨道交通网，努力改善城市交通状况；规划建设与居民需求相适应的停车场、停车位。新城区建设要把地下综合管廊作为标配，从根本上解决“马路拉链”问题；还要规划建设海绵城市，更好消纳和利用雨水。有专家表示，目前很多城市中都存在着较大面积的老城区，道路狭窄，房屋破旧，不少楼房没有安装电梯，老人上下极为不便。加大对这些老城区基础设施和住房等的改造力度，提高城市建设的现代化水平，既能让当地居民过上舒适体面生活，又能对扩大投资起到立竿见影效果。

（三）支持高新技术产业投资。专家们普遍认为，应加大对芯片等关键元器件、新材料等高技术领域投入，实行协同攻关，努力突破一批“卡脖子”关键核心技术。大力加强人工智能、工业互联网、物联网等新型基础设施建设，支持提升骨干传输网络容量，推进千兆光纤宽带建设，加快5G网络规模部署。有专家表示，近年能源领域技术进步很快，蕴藏着巨大投资潜力，可以选择一些看得准的关键技术加大支持。建议加强统筹规划，鼓励发展分布式能源和智能电网，因地制宜发展光电，支持储能技术尽快取得突破。支持发展综合智慧能源技术，在有条件的地方实现电、热、冷、气、水等“多联供”，提高能源综合利用效率。探索推广以改性甲醇替代石油产品，充分利用国内低阶煤炭资源，减少石油进口。

（四）大幅增加设备更新改造及技术研发投资。有专家表示，在经济下行压力较大的时候，实施制造业设备更新和技术改造，既能直接扩大有效投资，也有利于提高经济潜在增长率。建议大幅增加中央财政技改专项投入，以财政贴息、奖补等方式，支持企业扩大节能减排、污染防治等方面的设备更新改造及技术研发投资。

（五）鼓励壮大有发展新前景的传统产业。专家们认为，随着技术进步和商业模式创新，原来一些传统产业具有了比较好的新前景，可以相应加大引导和支持力度。有专家建议，鼓励扩大固体废物再生产业投资。全国目前建筑垃圾、工业固废、综合垃圾存量规模巨大，堆集场和填埋场大量占地，导致土地资源浪费、地下水污染等问题。将固体废物资源化、市场化的技术已经比较成熟，以适当方式吸引投资进入固体废物再生产业，既能带来大量利税，还能增加就业岗位，减少土地占用和污染排放，是一举多得的“好买卖”。也有专家建议，当前一些地方正在实施垃圾分类试点，应加快试点步伐，这也会带动一系列大产业发展。建议在抓好试点的基础上，将垃圾分类稳步向全国推广，形成若干个新产业，并发挥传统产业的作用。还有专家建议，科学发展通用航空业。目前我国机场、客机、飞行员等数量，与一些发达国家相比存在较大差距。可考虑把发展通用航空业作为军民两用产业的重点之一，将开放 7000 米以下空域作为关键，妥善解决管理体制上的瓶颈制约，努力培育一个大产业。

（六）加大对重点区域发展的支持力度。专家们表示，实施京津冀协同发展、长江经济带发展、长江三角洲区域一体化发展、粤港澳大湾区建设、黄河流域生态保护和高质量发展、推进海南全面深化改革开放等一系列重大区域发展战略，对培育壮大经济增长极、促进区域均衡发展具有重大意义。要加大对这些重点区域的投资支持力度，促进重大基础设施互联互通、支柱产业发展壮大。有专家认为，还应该支持其他跨区域的经济圈、经济带协同发展，包括支持淮海经济区协同联动发展和支持淮海生态经济带发展。淮河生态经济带范围包括 5 省 25 个地市和 4 个县（市），常住人口近 1.5 亿人，发展基础较好、潜力较大。建议按照国务院批复的《淮河生态经济带发展规划》，全面启动河道整治、港口建设等水利工程，沿河规划建设铁路、公路、管道等交通基础设施，科学布局工业、服务业项目，大面积建设旱涝保收的高标准农田，努力打造新的经济增长带。

中国政策专家库部分专家关于扩大国内有效需求、促进经济稳定增长的建议

（下）

高振宇

二、高度重视扩大消费需求的基础性作用

专家们认为，满足居民消费需求既是经济发展的重要目的，也对拉动经济增长具有基础性作用。当前我国消费领域一个突出问题是，很多有消费能力的人没有新的消费需求，而不少有消费需求的人却没有消费能力。专家们建议围绕解决这个问题，采取有针对性的措施释放消费需求。

（一）着力提高中低收入群体的消费能力。专家们认为，收入约束是影响中低收入群体消费最主要的因素，经济下行期间，这些人的消费很可能出现下降。建议着力解决好他们的后顾之忧，提高他们的消费能力。要研究建立个人所得税基本减除费用的动态调整机制，以各地物价、收入水平为基础计算居民基本生活开

支，建立因城而异的专项附加扣除，帮助中低收入群体降低税负、提升消费能力。有专家表示，推进农民工市民化，对提高他们的消费能力具有重要作用。建议从各地实际出发，因地制宜取消或降低农民工进城落户限制，创造条件将更多进城落户农民工及其家属纳入城市保障房覆盖范围，真正让他们能够享受城市居民的养老、医疗、失业保险和子女入学政策。这方面可以开展全国性的落实政策督查活动。对退出农民宅基地资格权和房产者进行合理的货币补偿，增加他们的财产性收入。

（二）加快培育中高收入群体的消费增长点。专家们认为，我国目前已经形成一个比较稳定的高收入群体，也拥有世界上规模最大的中等收入群体，他们的消费能力比较强，而且重视生活品质、追求个性化消费。要针对中高收入群体的特点，切实加强产品质量和品牌建设，加快培育壮大新的消费增长点。创造条件扩大文化旅游消费，落实好带薪休假制度，研究适当增加带薪休假天数，在有条件的地方实施灵活休假制度，让大家能够实现错峰旅游和出行。加快发展现代服务业，满足文化演出、健身康养、休闲娱乐等需求。大力培育信息消费，鼓励企业布局建设信息消费体验中心，推广数字家庭应用示范。多位专家建议，研究取消一些城市实施的汽车限购政策，创造条件让轿车进入更多家庭。

（三）积极拓展新的消费空间。有专家建议，通过实施村庄整治，拓展城乡居民消费空间。当前在一些农民工输出比较多的地区，农村危房、倒塌房、闲置房占有相当比重，有的甚至达到50%以上，导致大量农村建设用地资源闲置浪费。在这些地方推进村庄整治，既有利于加快新农村建设，又有利于释放农村市场的巨大消费需求。还有专家建议，大力推进供应链创新、促进城乡高效配送，既要通过冷链物流建设促进鲜活农产品直供城市，也要支持电商企业布局建设农村电商配送末端网点。

（四）适应消费需求变化扩大有效供给。专家们认为，要把潜在消费需求激发出来，关键是扩大优质商品和服务的有效供给。未来一个时期，我国将有大量人口进入老年阶段，消费结构也会相应发生重大变化。增加适老商品、服务供给，既有利于应对人口老龄化，也能扩大消费需求，催生所谓“银发经济”。比如，很多老年人在养老、医疗、家政、文化等方面存在较大需求，只要创造条件提供优质供给，就可以在满足这些老人需求的同时，为经济发展提供巨大动力。有专家估算，全国目前约有失能老人2000万、半失能老人3000万，如能建立失能老人照护体系、发展家庭护理服务、实现失能老人照护社会化，可以创造出上千万个就业岗位、上千亿元国内生产总值。

三、多管齐下完善扩大内需的体制机制

专家们认为，扩大国内有效需求，最重要的是完善相应的体制机制，建立健全长期性稳定性的制度保障。大家建议：

（一）深入推进“放管服”改革，提高投资审批效率。有专家反映，近年来各地政务流程再造步伐加快，但部门之间、部门内部都存在协调沟通不畅，信息不共享等问题，甚至互为前置、相互掣肘。有的地方省市县三级分别建设了自上而下、纵向联通的审批系统，但在横向上各为一体，设计标准、功能模式不一，信息不能互联互通，形成“信息孤岛”，影响了投资审批等政务服务效率。建议针对这些问题完善政务流程、加强信息共享，提高投资审批效率。专家们还建议，各地要进一步完善重大投资项目协调推进机制，强化要素资源统筹，提速规划选址、用地、环

评等报建审批前期工作，及时会商解决影响重大项目落地的突出难题，尽早形成实物工作量和有效拉动。

（二）营造公平竞争环境，稳定民营企业预期和信心。专家们表示，一些民营企业对经济形势和政策预期不稳、信心不足的问题仍然比较突出，在投资决策时观望、犹豫态势明显，有的已经转移海外。去年以来，一些地方和部门为稳定民营企业信心而作出了较高承诺，但政策实施效果没有达到企业预期，这反而加剧了企业对政策不稳的担忧。要坚持“两个毫不动摇”，保持政策连续性稳定性，把支持民营经济发展的政策实施到位。完善产权保护制度，继续压缩市场准入负面清单事项，真正实现“非禁即入”，着力解决民营企业和中小企业融资难融资贵问题，有效激发民间投资活力。

（三）完善激励和容错机制，激发各级干部职工干事创业积极性。多位专家反映，当前一些政府机关干部和国有企业职工干事创业精气神不足，一些地方泛化“问责制”，不少人存在“多一事不如少一事”的消极思想，而且业务骨干流失问题比较严重，对扩大国内需求、推动经济社会发展等工作都产生了不利影响。建议加快健全激励机制，加大奖惩力度，正确运用“问责制”，为想干事、能干事、干成事的干部、职工创造更好条件、更多机会，严厉查处为官不为、庸政懒政等问题。完善容错纠错机制，积极营造鼓励探索、宽容失误的工作氛围，减少不必要的督查、巡查，为勇于担当的干部撑腰鼓劲。专家们还建议，力戒形式主义，减少“文山会海”，目前各种国际性、全国性的文件、会议还过多，应认真落实中央要求，进一步减少不必要的会议和文件；下大力气打通政策“最后一公里”，确保各项措施真正落地见效，以取信于民，改善社会生态环境。

破解补短板稳投资瓶颈约束
应尽快改革完善项目资本金制度

邓林　李宏军

补短板领域投资特别是基础设施投资是稳投资的关键支撑。前2个月，基础设施投资同比增长4.3%，比去年全年提高0.5个百分点，但其增速仍处历史低位，潜力远未发挥。市场普遍反映，资金不足是主要原因，资本金约束是最大瓶颈。近期，我们围绕项目资本金制度进行了调查研究，建议将改革完善项目资本金制度作为一项重要而紧迫的工作，进一步创新投融资方式，充分发挥投资优化供给结构、补齐民生短板、增强发展后劲的关键作用。

一、项目资本金制度是我国宏观调控的重要政策工具

1996年我国开始实行项目资本金制度，出发点是为了限制地方盲目大上项目，同时降低银行信贷风险。此后，根据经济形势

变化和宏观调控需要，对资本金的要求一共进行了3次调整。为抑制经济过热，控制投资过快增长，2004年提高了钢铁、电解铝、水泥和房地产领域资本金比例。为应对国际金融危机和经济下行，2009年和2015年分别调低相关领域的项目资本金比例。通过明确资本金定义并调整最低资本金比例，对投资形成一定的促进或抑制，发挥了促进经济平稳健康发展的作用。

总体上看，经过几次调整，项目资本金比例有了较大幅度降低。但在不同行业是有增有减，对需要控制的产能过剩行业保持较高比例，对鼓励类行业调低要求，这有利于促进经济结构调整。比如，2009年在提高“两高一资”项目资本金比例的同时，降低了基础设施、基础产业和民生工程项目资本金比例。再如，2015年对产能过剩行业严格执行30%—40%的最低资本金比例，而将港口、航运等领域最低资本金比例由30%降至25%。

当前经济下行压力依然较大，改革完善项目资本金制度十分必要。一方面，下调部分领域项目资本金比例，可提高投资放大效应，弥补基础设施领域资金缺口。目前一些基础设施领域补短板重大项目无法开工，急需缓解资本金压力、提高有效投资能力。据测算，如果最低资本金比例从20%降到15%，原先只够3个项目的资本金就可以建设4个项目。历史上，交通运输领域资本金比例下调后，铁路、公路建设都出现了积极进展。铁路项目资本金比例在2009年从35%调整为25%，2015年又进一步下调到20%。1997年到2008年，铁路营业里程年均增速只有1.7%左右，而2009年到2014年年均增速提高到5.8%左右，2015年更是达到了8.2%。另一方面，减少资本金认定上的过度限制，可适度扩充资金来源和规模。今年以来，地方政府专项债提前发行，大大缓解了补短板领域在建项目资金问题。但对新建项目来说，资本金限制仍然较多。不少机构反映，现在监管部门突出风险防范，在债务性资金界定上过严：一些原来可认定为项目资本金的资金如股东借款等，现在也不能做资本金，甚至比 1996 年资本金制度设立之初的要求更严。在调研中，也有政策性银行反映，一些企业债发行时用途是建设项目，但募集资金投到项目时被认为不合规。另外，由于监管、审计等部门在后续检查时松紧不一，也造成银行在贷款时难以选择。一些金融机构认为，审核时应遵循“实质重于形式”原则，资本金制度初衷是对投资方形成约束，如资金在贷款期间无偿还风险，没必要作僵化的硬性要求。

在国际上，大多数国家对投资项目没有资本金限制。美国等发达国家主要通过调节金融市场资金利率、影响项目融资成本来调控投资规模。按照项目融资通行做法，投资方首先应明确自有资金规模，作为融资前提条件。金融机构根据项目预期收益、实施主体资信、担保措施等情况对项目单位提出自有资金比例要求，对风险较高的项目往往提出更高要求。这些项目自有资金也可来源于其他机构融资，但偿还的优先级一般没有银行贷款高。

二、改革完善项目资本金制度具备可行性

随着投融资体制改革的深化，企业投资自主权逐步得到落实，银行风险管控能力也不断增强，可根据形势变化，适时改革完善项目资本金制度。调研中，大家普遍认为，化解地方政府隐性债务风险正在有序推进，财政预算约束明显增强，如果银行审贷独立、风险管理水平足够高，可考虑降低项目最低资本金比例。

其一，法律无障碍，调整项目资本金制度面临约束较小。项

目资本金制度主要以国务院发文和部门规章形式确立。《贷款通则》和《固定资产贷款管理暂行办法》《项目融资指引》等金融监管政策均依据国务院文件精神，要求贷款根据项目资本金到位情况同比例发放。金融监管部门在规范信托等表外业务的文件中也对资金使用有具体要求。国务院文件调整资本金比例后，这些政策仍然适用。此外，资本金认定还涉及一些会计处理政策，比如永续债计入权益资金的标准等，也可根据需要相应调整。

其二，银行有风控，防范投资风险的机制已较为完善。一方面，银行审贷独立性显著增强。商业银行经过股改后已形成较完善的公司治理机制，受非市场因素干扰明显减少，可在相关宏观调控政策基础上研判项目风险、进行贷款定价。另一方面，银行风险管理能力有了较大提升。银行业监管借鉴巴塞尔协议Ⅰ—Ⅲ，更加注重对银行风险管理模型和系统的评估，大幅提高了资本充足率标准和资本质量要求。银行也建立了贷款五级分类体系，形成了完整的风险管理制度。开展项目融资时，以偿债能力分析为核心，对项目信用风险进行评估，用经济资本覆盖项目风险。

三、政策建议

改革完善资本金制度，可以丰富当前宏观调控工具箱，有利于更好发挥宏观政策逆周期调节作用。建议结合投融资体制改革，尽快启动对项目资本金制度的适度调整，破解“项目等着资金”等难题，促进有效投资稳定增长，助力经济平稳运行。

一是结合实际情况，结构性下调最低比例要求。综合考虑投资回报情况和经济社会效益差异，设置项目资本金比例。建议对交通、能源、水利等领域一些具有长期稳定收益的基础设施投资项目，调低资本金比例约束。根据东、中、西地区差异和区域协调发展需要，研究设置差异化的资本金比例要求。

二是坚持风险可控原则，多渠道扩大项目资本金来源。在区分债务资金性质的基础上，适度扩大项目资本金认定口径。比如长期建设国债，如果项目方在贷款期间不需要偿还，可以将这些债务资金作为资本金。再如地方政府专项债券，建议在特定地区和特定项目，允许一部分专项债券作为项目资本金，以加快补短板领域建设。又如专项建设基金回收资金，目前余额约 1000 亿元，以后每年回收 300 亿—400 亿元，建议再投入用于补充资本金。同时，要支持技术等知识产权交易市场发展，增加非货币形式的资本金来源。

三是创新方式方法，大幅简化项目资本金认定环节。加强部门沟通衔接，防止出现对政策理解不一致而造成执法“一刀切”，正常放开一些原本可以认定为项目资本金的股权性资金。进一步简化手续和流程，资金进入指定账户即可认定为资本金到位。探索在认定时按年设置宽限期等做法，对补短板领域重大基础设施项目，允许贷款发放比例在一定的宽限期内高于资本金到位比例。对于投资方以所有者权益等形式注资的，在确保评估合理、操作合规的前提下，不硬性要求全部是货币化出资。

制造业民间投资增速降至历史低位
亟须采取有效措施应对

马波　张军立

稳定制造业投资特别是制造业民间投资，既是当前“稳投资”的关键，也是推动制造业高质量发展的重要支撑。针对近来制造业投资持续下滑态势，我们开展了专题调研，现将有关情况报告如下。

一、制造业投资特别是制造业民间投资形势不容乐观

一是投资增速创新低。近年来，制造业投资增速处于下降通道。自1999年有统计数据以来，制造业投资增速最高的年份是2005年，增速为38.6%；2015年降至个位数，为8.1%；2019年1—4月份下降至2.5%，为20年来的最低增速；1—5月份略有回升，也仅为2.7%。制造业民间投资是制造业投资的主力军，一直维持在八成以上；增速从2012年最高的27.2%下滑到2019年1—4月份的

1.8%，也是新低，1—5 月份回升至 2.7%。

二是在建项目、新开工项目计划总投资增速回落。1—5 月份，全国制造业新开工项目 3.8 万个，比去年同期减少 4000 多个。制造业民间投资在建项目计划总投资同比增长 8.9%，比一季度回落 1.2 个百分点；制造业民间投资新开工项目计划总投资同比下降 9.4%，降幅比 2018 年全年扩大 0.2 个百分点。

三是部分地区投资增速回落。1—5 月份，全国 31 个省（区、市）中有 12 个地方制造业投资增速下降，山东、广东两个投资大省分别下降 23.7%、7.5%，黑龙江、吉林、辽宁分别下降 13.8%、38.6%、11.7%；有 15 个地方制造业民间投资增速下降，山东、广东分别下降 26.8%、12%。

四是高技术制造业投资增长虽快，但体量不大。近年来，高技术制造业投资保持了较快增速，1—5 月份增长 10.2%，比一季度回落 1.2 个百分点，其中民间投资同比增长 16%。高技术制造业投资在全部制造业投资中的比重仅为 18.5%，还难以撑起制造业投资大局。

制造业投资特别是民间投资过快下滑值得高度重视，如果这种趋势得以延续，势必会影响经济的稳定增长、增加保持经济运行在合理区间的压力，也会影响制造业在国民经济的比重、迟滞制造业高质量发展的进程。

二、制造业民间投资增速下降受多重因素影响

制造业民间投资增速一定程度下降具有必然性。从经济发展阶段看，我国处于工业化中后期，制造业对经济增长的贡献度逐步降低，投资增速不可能持续保持高速增长，一定程度

下降是符合客观经济规律的。从投资周期看，经过前几年快速发展，不少行业已进入发展平台期，在新的经济增长点出现之前实际投资乏力。从投资方式看，很多企业不再是简单的上规模、扩产能、搞基建，而是更注重研发投入、技术改造，也一定程度上影响了投资强度。从投资结构看，今年以来房地产开发投资始终保持两位数的增速，一季度为 11.8%，1—4 月为 11.9%，1—5 月为 11.2%，都是近 5 年来的高点，对制造业造成了一定的挤出效应。

但目前制造业民间投资下降过快，超出了合理范围，受到多方面因素的制约。从主观看，受中美经贸摩擦影响，企业担忧经济走势，投资信心不足。从客观看，多数制造业企业产品附加值较低，利润率持续走低，严重影响企业再投资。2016—2018 年规模以上工业企业利润增速分别为 8.5%、21%、10.3%；今年以来大幅下滑，已转为负增长，一季度同比下降 3.3%，1—5 月份同比下降 2.3%。同时，用工、用地、融资、原材料、环保提标改造等成本不断上升，企业扩大投资难度加大。比如用地，2018 年全国主要监测城市工业地价为每平方米 800 多元，比 2004 年翻了一番；珠三角、长三角等地平均地价已超过千元。再比如融资，很多企业反映，近年来企业在工业互联网、装备智能化升级等软性创新方面投入不少，但金融机构对于“轻资产”在质押方面疑虑较多，增加了融资难度，企业仍普遍面临“缺血”状况。银行数据也说明了这一点。近年来制造业贷款余额占各项贷款余额的比例逐年下降，从 2011 年的 20.1% 已降到去年的 11.8%，今年 3 月底又进一步降至 11.6%；2018 年工业投资到位资金中银行贷款占比仅为 10.4%，同比下降 0.5 个百分点。

三、几点建议

一是围绕短板工程加大投资力度。在集成电路、5G、航空发动机、新材料等“卡脖子”领域，加大政策支持力度，以重大项目牵引和吸引民间投资；发挥好先进制造业投资基金、国家集成电路基金、制造业转型升级基金的引导作用，进一步完善基金功能、优化资金投向，带动更多社会资金投向制造业短板领域。

二是加大企业改造升级支持力度。建议实施制造业数字化转型行动计划，研究系统支持传统产业智能化改造投资的政策；完善节能环保、清洁生产、清洁能源等绿色产业支持政策，推进修订环境保护、节能节水项目企业所得税优惠目录，对符合条件的能源托管、合同节水管理等新模式给予税收优惠；支持再制造发展，开展制造业设计能力提升专项行动，大力发展服务型制造；扩大中央财政技术改造专项资金规模，加大对制造业专业服务供应商、公共服务平台等支持力度；探索中央财政资金采取贷款贴息方式支持中小企业实施技术改造；加强中央和地方产业投资基金的协同配合，支持重点行业技术改造。

三是加大对制造业贷款支持。落实《政府工作报告》提出的“鼓励增加制造业中长期贷款和信用贷款”和国务院常务会议“确保今年制造业全部贷款、中长期贷款和信用贷款的余额均明显高于上年”的要求，制定具体可操作的管用措施；探索将商业银行制造业贷款增幅不低于平均信贷增幅纳入银行考核体系；采取审慎监管政策，适当放宽制造业贷款不良容忍度；研究贷款利息抵扣增值税政策，将贷款利息对应的进项税额纳入增值税抵扣范围，打通增值税抵扣链。

四是完善“政”“银”信息共享机制。金融机构和产业部门之间信息不对称一定程度上制约了政策的及时出台和调整。要持续监测金融服务制造业情况，重点关注行业和地区投向、债券投资等多元化融资情况以及中长期贷款和信用贷款投放情况，建立金融部门和产业部门信贷投放情况的通报和共享机制，强化各部门服务制造业情况的信息共享，为政策制定提供支撑。

五是扩大高新技术企业认定范围。我国对高新技术企业给予了很大的税收优惠政策，但高新技术企业认定仅面向生产或研究电子信息、生物与新医药、航空航天、新材料、高技术服务、新能源与节能、资源与环境、先进制造与自动化等 8 个领域中关键产品和技术的企业。一些传统制造业企业即使注重研发投入和技术升级，也很难享受到政策优惠。建议改革高新技术企业认定办法，把研发投入占比和研发人员比例作为主要考虑因素。

六是加快国有制造业企业混合所有制改革步伐。在制造业的 31 个细分行业中，基本上都存在一定数量的国有企业。建议在一般制造业领域加快推进混合所有制改革，这样既有利于吸引民间投资，也有利于盘活现有资源、促进制造业提质增效。

建议把老旧小区改造作为惠民生扩内需的重要举措

李逸浩　陈黎明　李宏军

推进老旧小区改造事关千万家庭福祉，也有助于扩大投资和消费。为此，我们在梳理现有试点城市改造经验的基础上，对老旧小区改造作了进一步调研，认为当前已具备在全国范围内推进老旧小区改造的条件，应完善相关政策积极加以推进。现将有关情况汇报如下。

一、推进老旧小区改造一举多得

据估算，全国老旧居住小区（2000 年前建成尚未改造的小区，下同）有 16 万多个，建筑面积约 40 亿平方米，约占已建成住房面积的 1/8。推进老旧小区改造，具有良好的社会效益和经济效益。

一是满足群众迫切需求。楼体安全、水电气热配套等是基本居住保障，电梯、无障碍通道是老弱病残孕不可或缺的设施，小区道路硬化、停车场修建、环境美化是提升生活品质的重要内容。但老旧小区设施老化、前期设计不到位，给群众生活带来诸多不便。实施老旧小区改造，能够利用较少资金，在较短时间内解决群众居住中面临的突出问题。从各地老旧小区改造的实践来看，群众普遍较为满意，未改造小区居民也热切期盼。

*二是有效拉动内需。*据测算，全面改造完现有老旧小区，所需直接投资约 2 万亿元。同时，实施老旧小区改造，能有效带动装修行业及相关上下游产业的发展，促进家电、家具、家庭用品等行业的消费。根据某市对老旧小区改造的调查，居民在改造后进行装修、购置家具等跟进消费为 81.5 元 / 平方米。据此估算，在全国范围内改造完老旧小区，可带动居民消费 3300 亿元左右。

*三是提升城市品质。*老旧小区承载着城市发展历史，传统的城市肌理、熟悉的生活环境、和谐的邻里关系是居民故土难离的集体记忆。老旧小区改造避免了大拆大建，有助于修补城市原有结构和文脉，重塑城市特色风貌。

二、老旧小区改造已探索出不少有益经验，也暴露出一些问题

2017 年底，有关部门在全国 15 个城市推进老旧小区改造试点，取得了积极成效。同时，部分城市自主实施老旧小区改造，也探索出一些较为成功的经验。实践证明，推进老旧小区改造切实可行，既具备充分的民意基础，通过合理的制度安排也具备较为现实的客观条件。一是探索了居民共担、单位投资、市场运作、财政奖补的多方共同筹措资金机制。有些城市通过合理确定改造费用分

摊规则，发动居民出资，允许以住宅专项维修资金、公共收益等方式筹资，并鼓励居民个人捐赠。有的老旧小区原先属于分配住房，通过发动原产权单位出资进行改造。对于具有收益的设施设备交由市场运作，吸引社会资本进入。同时，有效整合政府各部门条线资金，加大对改造的支持力度。二是探索了统筹协调、因地制宜、科学可行、规范精细的项目推进机制。试点城市建立了多部门参与的统筹协调机构，发挥业主大会或其他居民自治组织作用，搭建多主体参与的改造协商议事平台。通过创新工作方式，推出“菜单式”选择方案等，让居民根据自身需要和有限的资金资源自主选择改造内容，提高居民改造意愿。并通过专业化、精细化管理，提升改造工程品质。三是探索了社区、居民、产权单位、专业化公司等多主体协商的物业管理模式。不少老旧小区长期缺乏物业管理，这是造成居民生活不便的重要因素。有些城市通过引导居民根据实际情况，自主协商选择物业管理模式，比如居民自行管理、菜单式购买物业单项服务与自行管理相结合、引进专业物业服务公司管理等，解决物业管理缺位问题。有些城市通过推动健全小区议事制度、信息公开、维修资金归集等协商共管机制，加强小区自我管理能力。有的小区运用人脸识别、机械化清扫等新技术，采用临近小区“连片式管理”等方式，降低管理成本，提高物业管理水平。

当然，在老旧小区改造中也存在一些问题，主要有以下几个方面。一是“邻避困境”明显。反映比较突出的问题包括：加装电梯时一二楼住户不积极甚至持反对意见，最后造成电梯无法安装；小区改造时部分居民不愿出资，或者持观望态度，拖慢了资金筹措进程；在改造内容上，居民意见无法统一导致不能开工等。二是资金来源渠道有限。目前试点改造项目所需资金普遍以财政投入为主，居民自筹资金较少，多元化来源不够。在政府投融资规范性政策不断推出、地方财政压力不断加大的情况下，这一模式缺乏可持续性。三是审批流程亟待改进。有地方反映，单增设电梯一项，就需要计划立项、规划审批、房屋安全性论证、施工许可等40多个审批事项。同时由于增加了不动产建筑面积，还要缴纳各种费用。四是推进的积极性不够。有些地方的同志反映，当前老旧小区改造缺乏推进主体，开发商无利可图、不愿沾边；不少部门和基层因为程序多、环节多、投入精力多，也有畏难情绪。此外，反映比较多的问题还包括：有的小区改造七八年仍在间断性施工、没完没了，有的工程质量不过关，用不了多久又得重新维修。

三、相关政策建议

老旧小区改造涉及政府、居民、企业等多方主体，建议在总结试点经验的基础上，针对改造中出现的问题，进一步加大支持力度。

一是健全居民共建共享机制。老旧小区改造情况各异。对“改不改”“改什么”“怎么改”，要充分尊重居民意愿，结合专业技术分析，提出改造方案供居民选择。可利用互联网等信息技术，征求居民改造意愿，对意愿高的小区优先推进。结合资金筹措情况，引导居民按“先基本后提升”的原则加以改造。完善相关法律法规，建立健全议事决策机制，提升小区业主决策效率，稳妥处理个别住户的不同意见和合法权益，寻求最大公约数，避免“因一户废全局”的情况发生。

二是创新多元化资金筹措方式。充分发挥财政投入的撬动作用，进一步整合部门条线资源，允许使用住宅专项维修资金，提高各方参与积极性。对部分单位自建职工住房，可通过推动产权单位投资、职工投入等方式获得改造资金，并鼓励居民个人捐赠。

三是优化项目推进机制。加强多部门协商，落实城市政府主体责任。结合各地财政承受能力，自下而上合理确定改造目标，不搞层层加码。进一步优化简化各项审批流程，在业主意见统一情况下，各项审批能简则简，不能简化的也要推动“一门受理、限时审批”。

四是充分发挥市场机制作用。优先改造可以市场化筹集资金的老旧小区，减少财政压力。支持在老旧小区增设一定规模商业设施，包括便利店、收费停车场等，既便利居民生活又能筹集资金，相关税费可予以减免。允许具备条件的建筑进行加层改造。还可与城市其他优质项目捆绑进行商业开发，引导有实力的企业参与投资改造。

老旧小区改造工作需破解五个难题

陈黎明　李逸浩　杨诗宇　李宏军

2019 年《政府工作报告》对加强城镇老旧小区改造进行了部署。近期，我们就此召开相关专家和企业座谈会，并赴地方进行调研。座谈和调研了解到，城镇老旧小区改造是一项复杂的系统工程，改的是老楼房、老小区，但遇到的都是新情况、新问题，而且有些问题要比想象中复杂得多。比较突出的有五个难题：

一是居民组织动员难题。调研了解到，居民组织动员是老旧小区改造的“头号”难题，需要投入大量人力挨家挨户地征求意见，周期长、困难多、变数大、成本高，而且“一户否决”现象较为普遍，常常导致项目压缩、工期拖延甚至计划“泡汤”。

居民利益诉求多元。老旧小区改造涉及居民切身利益。但各家情况不同、诉求不同，意见很难达成一致。比如上下水改造，有的情况下，更换给排水管道必须从一楼居民家中开挖，常常遭到反对；还有的居民因为房子新装修希望获得一定补偿。比如加装电梯，中高楼层居民积极性较高，较低楼层居民支持率不高，一楼居民因为“零受益”，担心采光、通风、噪音等问题，甚或是认为高楼层的房价因为加装电梯实现了翻转而坚决反对，此外还有一些年轻居民对此也没有太大积极性。

房屋产权性质复杂。由于历史原因，老旧小区常常是直管公房、商品房、集资房、房改房、回迁房、央产房等混杂一起，建筑责任主体不明确、管理较为混乱。

在老旧小区改造中，承担居民动员工作的主要是社区干部，以及少数热心居民。面对几百户的居民，一户一户地反复动员，社区工作力量远远不够。尤其是许多房屋已经出租或多次转手，难以联系到业主，有的居民今天同意了，明天又变了卦，类似情况非常普遍，给居民动员工作带来不小难度。

二是标准规范难题。老旧小区改造作为“新事物”，没有与之配套的法律法规和标准；运用现行法律法规和标准，“旧改”又常常无法满足相关要求，或是无法执行下去。

规划难突破。在老旧小区改造中，加装电梯、加层改造、调整绿化方案、增加附属设施，等等，都涉及规划的变更特别是容积率的调整。而很多老旧小区原本就不符合现行规划要求，改造方案要么顾此失彼，要么难以通过规划审批。比如有的省级规划部门规定，新建、改造非经营性公共服务设施，由街道办事处报上级政府同意后可直接实施，不需办理相关规划手续，但实施过程中方案很难获批。

标准难适用。由于缺乏专门的技术规范、技术标准，老旧小区改造很难达到现行规范和标准要求。比如新建配套设施，某市主要依据建设工程规划设计通则、建筑设计防火规范等，这在日照间距、消防间距、消防通道、卫生视距、地下管网等方面都有明确要求，老旧小区显然无法满足。如果进行修缮，可以不执行这两个规范；如果拆除重建，就要按照新建管理，两个规范就绕不过去。再比如加装电梯，如果采用平层入户的方案（电梯轿厢停靠水平位置与楼层处在同一平面），电梯竖井就要与楼本体做连接，一方面需要增设连廊、增加套内面积，这在规划上不易过关；另一方面必须对整个建筑进行抗震等必要的检测，而一般情况下老旧建筑很难达到现行要求。

三是社区功能提升难题。老旧小区很大的一个缺陷就是功能缺失。有专家认为，老旧小区改造不能等同于老旧楼房改造，而应着眼于适应人口老龄化、居民生活服务需求升级的需要，统筹考虑加装电梯，增建便民设施、养老设施等改造项目。还有企业代表认为，一栋楼、一个小区的零星改造无异于“螺蛳壳里做道场”，人力成本、管理成本较高，而且效果也不是很理想。应该以片区、街区为单位，整体规划设计，整合要素资源，拓展盈利空间，吸引社会资本进来，探索“老旧小区改造 + 街区 / 城市管理”的模式。

从目前 15 个城市的试点经验来看，虽然制定了“先基本、后提升”的思路，但一些城市没有完全从居民实际需求角度设定改造内容，往往局限于老旧建筑改造，重点提升房屋的抗震、节能、水电路气等方面性能，但在增设养老、托幼以及停车等公共服务设施方面考虑较少。这里既有政策设计的问题，也有资金、规划等多方面制约。

以某市为例，老旧小区改造项目分为基础类和自选类。基础类主要包括，楼本体抗震加固、节能改造、水电气信等设施改造，以及公共区域的违法建筑拆除、安防消防设施完善、公共照明完善、无障碍设施和适老性改造。而多层住宅加装电梯及上下楼设施、平改坡，以及公共区域增建养老设施、补建停车位和充电设施等都属于自选类项目。在实际工作中，基础类项目改造整体推进相对顺利，而自选类项目就遇到了许多障碍，尤其是加装电梯、增建养老设施、补建停车位等，成功案例相对较少。

四是改造资金筹措难题。按照一些地方老旧小区综合整治的做法，基础类改造项目以政府出资为主，自选类改造项目由居民自愿选择，采取社会投资、居民付费和政府补贴方式筹集资金。目前，基础类资金保障较好，但自选类改造项目在资金上面临的突出问题是居民“付费享受服务”的意愿不足。比如居民同意加装电梯、增建停车位，但不愿意出资付费。由于投资回报率低、资金回笼周期长，社会资本参与意愿较低。有的小区加装电梯完全由第三方投资，实行“谁使用谁付费”的模式，但由于收费标准、居民使用意愿等多方面原因，能否维持运转尚存疑虑。如果居民使用率、付费率较低，势必会产生一定运营风险，相关成本最终还会转嫁给政府。还有的民间资本看中了社区物业服务、养老托幼、家政服务、共享超市等潜在巨大需求，希望进行“改造—建设—运营”一体化商业模式投融资试点，但尚未得到当地有关部门的大力支持。

也有专家认为资金不是最大的问题，完全可以通过加层改造、加装电梯、加建停车位获得一定收益，从而弥补整个改造项目的资金缺口。比如加层改造，可以运用新型建筑材料往上加盖一层，并与一楼进行置换，将一楼作为社区公共服务空间，从而获得收益。比如加装电梯，按照平层入户方案，每户套内面积可以增加10平方米左右，从而调动居民出资意愿。但也存在不少难点，比如加层、加梯改造产生收益的合法性问题，以及收益如何使用分配问题等。

五是长效管理实施难题。老旧小区的一大弱项就是物业管理。一些老旧小区长期处于较低水平管理的状态，居民不交物业费，绿地斑秃、圈地种菜、私搭乱建等现象屡禁不止，政府出资更换的门禁、增加的技防设施常被破坏。因此，某市在老旧小区综合整治中，把引入专业物业管理作为改造的前置条件，探索建立老旧小区长效管理机制，政府先期给予补贴、后续逐步退出。即便如此，改造后的小区管理人员也反映，居民缺乏“服务要付费”的意识，“一次改造、长期保持”的长效管理机制尚未完全建立。比如，有的小区物业费仅为 0.2 元 / 平方米，在没有补贴的情况下难以维持服务管理的需要，未来政府补贴能否有序退出还有待观察。

一些地方已探索出老旧小区改造有益经验

李逸浩　陈黎明　杨诗宇　李宏军

调研了解到，一些城市老旧小区存量较大，“十二五”期间就主动探索、先行先试，启动了老旧小区综合整治。在此基础上，近年来又启动新一轮老旧小区改造试点，创新工作方式，完善改造内容，在改造过程中逐渐形成了一些有益经验。

第一，多方组织发动。城镇老旧小区改造涉及居民切身利益，必须围绕居民意愿开展工作，让居民积极主动参与进来。过去，有的地方多是政府部门主导、层层“下指标”，部分居民排斥情绪大，政府投入多但效果不够理想。近年来的试点城市中，有的城市通过自下而上、以需定项，推行“基层组织、居民申请、社会参与、政府支持”的办法，变“任务制”为“申报制”，由小区居民自己决定要不要改，居民配合程度明显提升。在具体项目组织实施过程中，充分发挥个人、社区、街道、企业和政府主管部门等各方力量，采取“2+3+X”模式（“2”即街道、社区，“3”即实施主体、设计、施工企业，“X”是辖区内人大代表、政协委员、楼门长和热心居民），搭建小区改造议事协商平台，多方联动，有效沟通。

第二，改造内容实行菜单式。针对老旧小区脏乱差的实际，把改造与整治统筹起来，实施“治＋补＋规范”，优先解决居民最直接、最急迫、最困难的问题。所谓“治”，就是治危房、治违法建设、治乱搭架空线等；“补”主要包括补抗震节能、补市政基础设施、补居民上下楼设施、补停车设施、补社区综合服务设施、补小区治理体系、补小区信息化应用能力；“规范”，主要是规范小区自治管理、物业管理等。在具体改造项目中，充分考虑居民实际需求，采用“菜单式”方案，分为基础类和自选类，实现由“政府端菜”向“居民点菜”转变。其中，基础类包括节能、安全、市政管线、环境卫生等方面，是必须改造整治的内容；自选类包括加装电梯、补建养老设施和社区服务设施等方面，可根据居民意愿和实际需要因地制宜加以推进。这种改造和整治相结合的做法，不仅改善了老旧小区功能和环境，而且提升了社区综合治理水平。

第三，探索多元筹集资金新方法。解决好资金问题是推进老旧小区改造的重中之重。一些城市明确，基础类改造项目以政府出资为主，自选类改造项目由居民自愿选择实施，明确各相关主体责任边界，采取社会投资、居民付费、产权单位出资和政府补贴等多元化方式筹集资金。财政投入方面，充分整合楼体加固、节能改造、管线改造等政府部门各条线资源，提高资金使用效率。有专家表示，老旧小区改造政府投入并不少，只是以前相对零散、发挥的作用有限，通过整合可在不增加费用的基础上提升改造效果。吸引社会资本方面，政府确定某一平台公司作为老旧小区综合改造投资主体，将市区两级财政投入资金作为资本金，依托政府确定的老旧小区改造区域内相关公共资源，吸引社会资本参与自选类改造。这样既能有效解决居民一次性付费较高的问题，也能通过居民定期缴纳使用费让社会资本获取长期收益。产权单位出资方面，老旧小区房屋很多是有产权单位的公房，居民多为单位退休职工，可通过产权单位出资筹集部分资金。比如，有的城市某离退休干部住宅改造总费用为1亿元左右，产权单位出资超过20%，极大缓解了市区财政投入压力。居民集体筹资方面，居民是老旧小区改造直接受益者，改造意愿强的居民出资积极性也较高。调研中一些小区反映，即使完全由自己出资，居民也愿意加装电梯。这方面有的城市作了不少尝试和探索。比如加装电梯，根据楼层高低确定缴费系数，一楼住户无须出资，二楼以上或按统一系数出资，或每层差异化出资。再比如电梯平层入户，既方便居民使用，也会为每个家庭增加10平方米左右的面积，大家出资意愿较高。

第四，长效管理有机制。为避免再次出现改造后难以长期维持的情况，一些城市在新一轮老旧小区改造中明确规定，实施改造前就要建立物业管理长效机制，改造后物业管理无缝对接，及时有效开展物业服务。同时，各区政府结合实际情况采取“以奖代补”的形式，对新引入的物业服务企业给予扶持，对居民收取少量的费用以培养“缴费享受服务”的意识。对那些无法引入物业服务企业的独栋或规模小的小区，政府采取多种形式进行“托底”，如建立区级“物业呼叫中心”，实现“有呼必应”，保证居民享受到基本的物业服务。

第五，简化审批流程。针对老旧小区改造中涉及环节多、审批流程长等问题，建立一系列规章制度，下放审批权限、简化审批流程，并明确区政府、街道、物业、工程建设单位的主体责任，努力让居民少操心、少跑腿。比如改造方案，在不影响周边群众权益，同时确保满足安全等强制性要求的基础上，由区政府同意后直接组织实施，无须办理规划审批手续。再如工程竣工验收，做到随竣随验，实施主体办理完验收备案后，将综合改造相关资料移交物业企业，以保证居民的正常生活不受影响。

第六，电梯加装有新招。2017 年以来，某城市共完成加装电梯 828 部，主要做法有：一是深入做好群众动员。各区政府组织街道及基层社区党组织和基层调解组织积极做好居民工作，切实站在居民立场，给居民算清账、讲好处、破疑虑，提高了居民加装电梯的积极性和主动性。实践中，就有社区负责人给居民算经济账、健康账、邻里和谐账“三笔账”，组织设计单位讲解加装电梯的技术措施，消除居民对噪音过大等方面的疑虑。二是简化电梯加装审批流程。加装电梯不再办理立项、用地、规划和施工许可等手续，只需办理施工图审查和电梯报装、验收即可，在保证安全的前提下，最大限度方便电梯加装工作。三是加大财政补助力度。市财政对老楼加装电梯项目向区财政定额拨付64万元/部，各区政府结合本区实际制定配套补助政策。财政补助资金既减轻了居民筹资负担，又吸引了企业参与老楼加装电梯工作。四是丰富建设模式。采用“代建租赁”、产权单位或集体出资、业主自筹自建三种模式推进。比如“代建租赁”模式，是由业主委托第三方作为实施主体，负责出资加装电梯和后续维护，得到了居民和企业的欢迎。

附表

某市两个小区电梯运行费用一览表

小区名称 / 楼层	甲小区收费标准（元 / 年）	乙小区收费标准（元 / 年）
一楼	0	0
二楼	720	347.4
三楼	1620	694.8
四楼	2280	694.8
五楼	2880	694.8
六楼	3300	694.8

城镇老旧小区改造的市场化模式怎么走

杨诗宇　陈黎明　李逸浩　马衍伟

近期，为探索城镇老旧小区改造（以下简称旧改）的市场化模式，了解房地产开发企业参与旧改的意愿和诉求，我们一对一访谈了珠三角大型房地产开发商A、长三角中型房地产开发商B和东北小型智慧城市建设公司C等3家已经参与旧改的企业，并进行了跟踪调查。从企业反映的情况看，市场主体参与旧改的热情很高，同时也对调整相关城市规划、赋予企业更多运营管理权、降低改造成本等高度关注，希望有针对性给予政策支持。

一、房地产开发企业有没有兴趣参与旧改

3家企业都表示，参与旧改的意愿非常强烈。A开发商表示，目前房地产市场竞争异常激烈，粗放式的发展模式已难以为继，很多大开发商都把老旧小区改造、物业运营管理、商业配套打造等多元化发展项目作为下一阶段的竞争重点。其前期在深圳、上海、

芜湖等地已经投资了几个小规模旧改项目，取得了很好效果。B开发商表示，其常年在长三角地区发展，但一直没有机会进入北京、广州、深圳，旧改是房地产业的一片蓝海，企业非常愿意通过参与旧改进入北广深市场，目前已在杭州投资了旧改项目，为下一步深度参与旧改积累经验。C公司表示，从前些年投资旧改的实践看，只要老旧小区地段优势明显特别是在城市中心区域，他们就愿意投资旧改，目前已经中标了某大型社区旧改项目。

二、市场化旧改模式的核心要素有哪些

3家企业认为，企业是否愿意投资旧改关键在于项目盈利性好不好，主要涉及以下几个基本关切点，这也是市场化旧改模式的核心要素。

一是规划上能否允许增容。3家企业都表示，在旧改项目中，如果允许对具备条件的建筑进行增容（即调整规划增加容积率，比如加盖一层住宅、增加地下地上停车场、增加地上商业建筑等），商业可持续的问题就迎刃而解。A开发商表示，增容是吸引社会资本投资旧改的最大亮点，目前在工程技术上没有障碍，问题主要在于城市规划是否允许。B开发商表示，如果在二线以上的城市允许增容，并将增容所得产权出让收益让渡给开发商，就能直接覆盖旧改成本并实现盈利。C公司表示，如果不能将出让收益让渡给开发商，那么将增容的租赁收益让渡给开发商也是实现商业可持续的一个方法。比如，楼顶“平改坡”，相当于搭建了大半层楼的空间，如果允许把新增空间给开发商用来出租，就能大大减轻资金压力。

二是旧改后的运营管理权是否有“真金白银”。3家企业表示，如果不允许增容，那么项目盈利只能依靠后期的管理运营，这就

要看运营管理权的内容是否丰富，是否能产生持续的现金流，以及运营管理权年限与回本周期是否匹配。A开发商表示，目前对自身的市场定位是做“城乡建设与生活服务商”，也就是围绕不动产服务业精耕细作，因此更倾向于选择拥有整个社区物业服务、装修设计、商业配套、长租公寓、养老、教育服务等经营管理权限的旧改项目。其在某地投资的城中村改造项目由于运营管理权期限只有10年，不足以收回改造成本，导致后期项目已经暂停。B开发商和C公司表示，目前正在推进的都是大型老旧社区整体改造项目，改造后社区物业服务、停车场管理（汽车养护）、便利超市、养老托幼、家居装修、社区医疗、宠物医院等都被打包给自己的公司来经营管理，收回旧改成本预计需要15年。

三是改造成本能否得到有效控制。旧改成本主要包括建筑改造成本、水电暖通等基础设施改造成本。3家企业都反映，当前水电暖通改造审批时间长、收费高，显著增加了改造成本，甚至一定程度上影响了投资旧改的积极性。以反映比较强烈的燃气为例，在B开发商的某一项目中，实际施工量仅为拆除一根长度为20米的钢管（燃气管道），再重新铺设一根直径159毫米的5米长钢管，燃气公司审批时间长达半年，收费高达9.1万元。具体收费项目如下：①拆除20米管道2.1万元；②移动现有过滤器6700元；③铺设5米长管道8300元；④管道接驳焊接2.65万元；⑤管道焊接检测7500元；⑥文明施工费用5500元；⑦报拆审批费用5200元；⑧报装审批费用5200元；⑨开通验收费用5200元。

三、市场化旧改有哪些优势

相对于财政资金投入推动的旧改，市场化旧改有许多优势，3

家企业对此也是信心满满。

一是项目投入资金多、见效快。3家企业都认为，市场化旧改项目投入的资金量，不管从总额还是从户均来看，都远远大于财政资金投入。A开发商在上海、芜湖的旧改项目户均改造金额高达6万元，B开发商在杭州正在推进的城中村旧改项目户均改造金额更是高达98.84万元；而据有关部门测算，2019年城镇老旧小区改造户均中央补助资金只有1.88万元。从实际效果看，由于企业决策链条短、资金运行效率高，资金进入旧改项目产生实物工作量的速度也快于财政资金，群众也能在较短时间内获得旧改的实惠。

二是改造理念新，整体效果好。不同于以往碎片化改造为主的旧改项目，目前3家企业已经开展的旧改项目都是对社区实施整体改造，包括翻新外立面、加装电梯、改造管网、修建道路景观和活动设施、新建地下停车库或机械停车楼、建设养老和抚幼设施、完善商业配套等，能够有效提升居住品质和环境。A开发商反映，其在上海、芜湖的旧改项目使房屋品质有了质的提升，不但延长了房屋使用寿命，还实现了不动产保值增值，深受老百姓欢迎。C公司表示，其目前中标的项目通过从楼体到庭院、从地上到地下、从节能到智能生态的改造，能真正让老百姓从“有居”到“宜居”，老百姓也心甘情愿地缴纳物业费。

三是后期维护管理好，政府压力小。3家企业已经开展或正在推进的旧改项目，后期都依靠市场化手段维护管理，不需要政府再出资。A开发商认为，“旧改效果好不好，后期维护管理很关键”，如果这方面做不好，就肯定会是“前治后乱”。B开发商认为，只有通过市场化方式才能实现后期的有效维护管理，“行政化的物业服务再怎么干，也是一个吃力不讨好的活”。C公司认为，如果还依靠政府包办，很难解决老旧小区管理缺失、国有物业负债维系、老百姓普遍不满等问题。

四、对市场化旧改有哪些政策期待

3家企业都表示，旧改涉及面广，不同项目差异性大，又与老百姓利益息息相关，需要按照“一地一策”“一房一策”的原则，制定差异化的支持政策。

一是按照先市场后政府原则，区分政策性旧改和市场化旧改。据不完全统计，目前全国各地上报需要改造的城镇老旧小区17万个，涉及近3000万套住宅，总建筑面积达24.5亿平方米。仅加装电梯和改造楼本体、公共区域、小区环境四项，预计投资金额超过2万亿元。如果这些都由政府包揽，财力难以承受。A开发商、C公司建议，政府应区分政策性旧改和市场化旧改并出台配套政策，对于欠发达地区，主要采取财政资金推动的方式进行基础性改造；对于一二线城市和经济发达的三线城市，则主要依靠市场力量来推动，政府工作的着力点应是解决企业旧改中遇见的改造签约难、报批难等问题。B开发商认为，市场主体并不缺资金，政府应把主要精力放在构建市场化机制、激发市场主体旧改积极性上来。

二是从实际出发解决旧改项目增容问题。3家企业都希望能在保证房屋质量安全的前提下，以旧改项目为单位，合理调整相关城市规划，实现旧改的项目增容。A开发商认为，即便是不通过增容增加旧房本体面积，旧改中加装电梯、调整绿化方案、增加附属设施等，也涉及规划的变更特别是容积率的调整，与其这样还不如在充分考虑居民需求的前提下，将车位修建、商业配套等一并纳入规划调整。C公司认为，一刀切限制增容对各方都不利，应当实事求是地看待增容和规划调整，这样能办成多方共赢的好事。

三是支持企业探索创新，推动市场化旧改形成规模效应。3家企业都认为，政府应该加大对企业的支持力度，通过市场竞争遴选和优化旧改模式。A开发商建议，基层政府要大力简政放权，不要固守房地中心、房管所管理的老小区不放，要相信市场主体更有能力、更有办法改造好管护好老旧小区。C公司认为，在市场主体看来，很多老旧小区不但不是城市的包袱，而是新兴产业资源。以往碎片化改造不能从根本上改变老旧小区面貌，更不能激活老旧小区活力，完全可以通过市场化运作，以增量经营性资产激活老旧小区造血功能，使之成为新的经济增长点。

四是推动降低旧改成本。3家企业都建议通过市场化的方式，降低水电暖通等基础设施改造成本。B开发商建议，允许符合条件的民营企业通过市场化比选招标进入公共设施改造领域，中标后由独立第三方进行工程监理，这样就能在确保工程质量的同时，避免市场垄断，促进公平竞争，降低旧改成本。C公司认为，水电暖通的成本，应通过后续使用收费逐步收回，不能一次性全部算在进行旧改的企业身上。

中国制造商品境内外市场“价格倒挂”为哪般

马志刚　张凯竣　刘一鸣

我国游客在境外连锁超市扫货、大包小包往回带，是近些年出国常见的一个场景。这背后的一个重要原因，就是同类商品在境内外市场存在较大价差，相当多由中国生产制造的商品在国外卖得反而比国内便宜。我国是世界第一制造大国，在鞋帽、服装、箱包、小家电等日常消费品的制造中具有明显综合成本优势，为什么很多中国制造商品会出现“价格倒挂”现象？如何促进消费回流，促进国内消费持续稳定发展？我们对此进行了专题研究，对一些典型商品价格进行了比较，并听取了相关企业和有关部门及咨询机构意见，现将有关情况报告如下。

一、“价格倒挂”现象主要集中在国内代工的国外品牌，价差一般在两成以上

为保证研究对象代表性，我们分别选取了在国内生产的服装、

鞋、箱包、手机等主流日常消费品进行比较，发现价格“内高外低”现象，主要存在于国外品牌，对于自主品牌并不明显，境内外价差普遍在两成以上，有些甚至翻了几倍。比如，我国消费者购买较多的某款牛仔裤，美国官网零售价格折合人民币约 394 元（按 2018 年人民币平均汇率 1 美元兑 6.6174 元人民币），中国官网售价是 799 元；又如，一款热销篮球鞋，在美国零售价约 993 元，而在中国售价为 1299 元。我们还对比了中美市场近期都很畅销的国际知名品牌旅行箱、手机等，境内外价格都是“两重天”。

调研发现，国外品牌商品的境内外价差大绝非个例，而是在很多领域都普遍存在，尤其是在手表、酒、箱包等中高端商品中更为突出。如果再考虑中国和发达国家及地区在人均 GDP 及人均收入方面的明显差距，国内消费者承受的实际价格负担更重。境内外明显的价格“鸿沟”，导致国内消费者前往海外购物的热潮持续升温。某著名市场咨询公司等联合发布的一份报告显示，2017 年中国游客海外支出平均达到 5565 美元，排名第一的支出项就是购物。

需要说明的是，近几年受跨境电商发展、大众消费升级需求旺盛等因素影响，我国消费者境外购物清单已经发生了颠覆性改变，高档箱包、名贵手表等高端商品的花销占比有所下降，化妆品、服装、婴幼儿用品等日常消费品渐成购买的主要对象。根据某旅游平台网站《出境旅游及消费白皮书》统计，2017—2018 年度我国游客在日本的消费中，居家用品及日用品的消费金额同比增长 56%。同时，我国消费者境外购物方式也在悄然发生变化，越来越多转向网络平台代购。据海关统计，2018 年通过海关跨境电子商务管理平台零售进出口商品总额 1347 亿元，增长 50%，其中进口

785.8 亿元，远超出口数额。

价格“内高外低”并由此带来消费外流，负面影响不容忽视。一方面会造成国内市场需求和税收收入的双重流失，特别是在当前国内消费增长放缓的背景下，消费外流会进一步“透支”国内有效需求，削弱消费对经济增长的支撑作用。另一方面抑制国内相关产业发展，不利于民族品牌的成长培育，进而影响就业的扩大。此外，中国人海外抢购现象的频现，也与我国仍是发展中国家的身份很不相称，对我国的国际形象产生不利影响。

二、国外品牌商品在国内卖得贵，是多种原因造成的

在市场经济条件下，商品在各国价格的高低不仅取决于生产环节的成本，还取决于供求关系、市场竞争程度、各国税制特点、流通环节费用等因素。一些国外品牌虽然由我国企业生产制造，但受多重因素影响，使得我国消费者并没有“近水楼台先得月”。

*一是国外品牌在我国缺少竞争对手，厂商普遍倾向对我采取歧视性定价。*我国是制造大国，但还不是制造强国，相当一部分“中国制造”只是为国外品牌代工，国内品牌从产品质量和营销能力上都没有对国外品牌构成足够的竞争压力，使得很多国外厂商在我国市场处于事实上的“垄断”地位，可以采用更高定价攫取高额利润。一些商品在国外属于大众品牌，在国内由于缺少与之竞争的产品，就变成“大牌”，往往在中高档商场或是专卖店等出售，定价很高。这一点也可以从国际厂商在不同地区的利润率差异得到基本印证，例如某运动用品制造公司 2018 财年在中国地区的息税前利润率为 35.2%，分别高出北美、欧洲、亚太其他地区 11、

18和12.2个百分点。某消费电子公司2018财年在大中华区的营业利润率为38%，分别高出美国、欧洲6.9和6个百分点。

二是国内流通环节税收种类偏多，部分中国制造商品在境内销售的税负高于出口销售。目前中国制造的国外品牌商品仍然以来料加工模式为主，大部分高价值原材料都需要境外进口，如果制成品销往境内市场，则需要补交进口料件的税款，总体税负与直接进口制成品大体相当。我国对进口消费品实行“关税+增值税+消费税”的复合型税收制度，据抽样统计，关税额在商品零售价中实际占比仅为0.4%至6.5%，对缩小商品境内外价格差异直接作用有限。进口货物增值税的征收标准与国内产品一致，其中日用消费品主要适用13%的税率。此外，我国还对特定进口货物征收消费税，主要包括烟、酒、名贵首饰等，对日用消费品基本不征收。总的来看，国内市场消费品的税负主要体现在增值税方面。

三是国内物流等中间环节费用过多，商品销售成本高。发达国家销售体系比较发达，环节较少。国外品牌商品在我国生产后，直接批量出口进入超市、商场等终端消费场所。而我国销售网络还不够健全，商品往往需要经过多级流通、多级代理才能与消费者见面。而且，国内零售商还会向供应商收取所谓的进店费、上架费、节庆费等各种名目繁多的通道费用，这些最终都会体现在商品价格上。从运输方式看，由于商品出口多为大宗货物，主要以海运为主，辅以铁路运输，而国内销售多为小单，主要以公路运输为主。海铁联运的成本一般要比公路运输低50%以上，使得运往海外虽然距离远，但单位运输成本却比国内低很多。根据中国物流与采购联合会统计，2018年我国社会物流总费用13.3万亿元，与GDP的比率为14.8%，而全球平均水平为11%左右，2017年美国为7.7%。

四是在产品售价确定的情况下，还会有其他一些因素导致在境外购物的实际成本低于境内。例如，目前我国对价值在5000元人民币以下的随身行李、税额在50元人民币以下的邮寄物品予以免征行邮税。在实际执行中，由于征管难度大等客观原因，对于超出5000元人民币的个人自用进境物品，事实上也会免税。对于大部分国内消费者来说，在境外购物时往往会在当地办理离境退税，回国入境时往往又无须缴纳行邮税，等于享受了“双重免税”福利，进一步提高了国内消费者境外购物的积极性。

三、有效缩小商品境内外价差，合理引导境外消费回流

第一，加强反垄断和反不正当竞争，维护公平竞争的市场环境。目前国内市场不少商品还存在价格不透明、价格虚高的情况，特别是个别品牌利用消费者追求名牌心理和自身在市场上的优势地位，采取价格垄断、价格歧视、价格操纵等行为。要进一步加强价格监管，根据《价格法》《反垄断法》《反不正当竞争法》《消费者权益保护法》等法律法规，对部分品牌开展反垄断调查，引导商品价格回归合理水平。借鉴国际经验做法，鼓励社会各界参与价格监督，加快构建权威高效的监管体系，从根本上维护消费者利益和市场公平竞争秩序。同时，完善国内市场商业信用体系，营造良好消费环境，吸引更多国外厂商进入中国市场，给国内消费者更多购物选择。

第二，持续推进减税降费，让企业获益并真正为消费者让利。近年我国持续推进大规模减税降费，降低了企业经营成本，也让商品降价有了更大空间。要确保减税降费政策一一落到实处，鼓励企业用减税“省”下来的资金让利促销，更多加入到降价的行

列中来。同时，研究适时调整进口环节消费税税目，降低部分需求较大的日常消费品适用税率。随着人民群众生活水平提高，原属于高档消费品的很多商品已日益成为普通消费品。例如，许多“高档化妆品”（进口完税价格在10元/毫升或15元/片及以上）在国内拥有巨大需求，但目前仍被征收15%的消费税，直接推高了化妆品价格，成为国人境外抢购的主要诱因，应适当下调税率。同样，目前对所有酒类商品征收较高消费税，应将价格相对较低、国内需求较大的普通红酒等单独区分出来，适用较低税率。

第三，持续推进物流降本增效，切实减轻企业经营负担。当前，商品要素流通不畅仍然是推高国内商品终端价格、阻碍居民扩大消费的关键因素。要巩固扩大近年来物流领域“降成本”取得的积极成效，落实好深化收费公路制度改革等政策部署，降低过路过桥等中间费用。加强商贸物流基础设施建设，深入实施多式联运示范工程，统一地区间、不同运输方式间的管理和执法标准。加快发展智慧物流，更多运用互联网、大数据等新技术新模式，提高货物、仓储、车辆等匹配效率。

第四，加快发展跨境电商，让国内消费者享受更多物美价廉商品。跨境电商利用互联网信息技术，使国际商品、服务与要素自由流动，能大幅减少商品流通成本，而且可以让国内消费者有效规避国外厂商的“区域价格歧视”。要总结推广跨境电商综合试验区等先行先试经验，完善适应跨境电商发展的体制机制，在通关、仓储、物流等方面进一步提高便利化水平。同时，明确政府部门、跨境电商企业及平台、境内服务商等各参与方责任，强化商品质量安全监管和风险防控，有效保障消费者合法权益。

第五，加大自主品牌培育力度，增加优质产品供给。国外厂商能够在中国市场实施差异化定价策略，主要原因在于本土品牌市场竞争力不够。要着力加强供给侧结构性改革，促进“中国制造”尽快向“中国品牌”跨越。推动将内外销产品“同线同标同质”工程实施范围，由食品农产品领域向消费品等其他领域拓展，调高国内标准与国际对接，促进国内产品不断提高自身质量，赢得更多消费者信赖。此外，还要加强对国民健康消费理念的宣传教育，引导民众理性消费，摒弃盲目消费。

多措并举充分释放旅游消费潜力和活力

张凯竣　刘一鸣

目前，旅游消费正呈蓬勃发展之势，成为重要的消费热点和经济增长点。世界各国都在想方设法吸引中国旅游消费，我们更应该深入挖掘世界第一大旅游消费市场潜力，多措并举推动旅游消费又好又快发展，为经济持续稳定增长提供有力支撑。

一、我国旅游消费快速发展、潜力巨大

近年来，我国旅游消费迅猛增长，产业规模不断扩大，旅游业已成为国民经济的战略性支柱产业，新形势下在经济社会发展中的重要地位更加凸显。

*旅游消费成为促进经济发展的重要动力。*2018 年全国旅游业对 GDP 的综合贡献为 9.94 万亿元，占 GDP 总量 11.04%。旅游吸纳直接就业 2826 万人，加上间接就业达到 7991 万人，占全国就业总人口 10.29%。尤其是假日旅游消费持续旺盛，国庆黄金周旅

游人次从1999年的2800万增长到2018年的7.26亿，旅游收入规模从141亿元增长到5990.8亿元。旅游消费涉及的产业链条长、带动作用明显，据世界旅游组织统计，现代旅游业能够促进的行业多达110个，旅游业每收入1元，可带动相关产业增加4.3元收入；旅游从业者每增加1人，可增加相关行业4.2个就业机会。在当前经济下行压力加大，投资和传统热点消费增速有所放缓的情况下，旅游消费的快速发展，将会对稳增长、促就业等发挥更加重要推动作用。

*旅游消费充分顺应消费转型升级需求。*随着居民生活持续改善，消费形态逐步由实物消费向服务消费转变，消费结构由基本生存型向发展享受型跨越。今年一季度全国居民人均服务性消费支出同比增长11.9%，比人均消费总体支出增速高4.6个百分点，服务性消费支出占消费总支出比重47.7%，比上年同期提高1.4个百分点。旅游消费契合了这种变化趋势，更好满足了人们日益增长的美好生活需要。近年来，旅游消费形态日益丰富多元，共享住宿等新业态新模式给人们带来了更加舒适便捷的休闲体验。国家信息中心数据显示，2015—2018年共享住宿收入年均增速约45.7%，是传统住宿业的12.7倍。

*我国旅游消费发展空间广阔。*我国已成为世界最大规模国内旅游市场和出境旅游市场，旅游消费正处于爆发式增长阶段。2013—2018年旅游总收入年均增长15.1%，国内旅游人数年均增长11.2%。预计到2030年，旅游消费总额将达到11万亿元、约是现在两倍，仍有巨大增长空间。从国内市场需求看，2018年城乡居民年人均出游4次，远低于发达国家8—10次的水平，我国拥有世界最大中等收入群体，多样化、个性化、品质化旅游消费将会成为新的增长点。从吸引境外游客情况看，2018年我国入境游

人数 1.4 亿人次，但除去港澳台同胞只有 3054 万人次，远低于出境游的 7125 万人次（不含去往港澳台），入境游发展潜能还未得到充分释放。

二、旅游消费发展面临不少瓶颈制约

我国旅游消费进入黄金发展期，也处在矛盾凸显期，特别是与人民群众日益增长的高品质旅游消费需求相比，现有的资源和服务供给还存在明显不足，一些短板问题亟待破解。

一是旅游高价格、乱收费问题突出。文化旅游部等联合发布的《2017 年度中国 A 级旅游景区统计便览》显示，我国 5A 景区门票平均价格为 96 元，占当年全国居民月人均可支配收入的 4% 以上，有的景区门票甚至高达几百元。而外国著名景点门票价格大多在中等收入群体月收入的 1% 以下。去年国家出台政策推动降低重点国有景区门票价格，虽然一些地方有所降低，但降幅较小，群众感受不明显。据中国社科院统计，到 2018 年“十一”前没有降价的 5A、4A 级景区分别占总数的 40% 和 80%。此外，每逢节假日，机票、酒店等都会大幅涨价，有的涨幅远超出正常定价波动幅度，停车、打车、导游等领域乱收费现象更是屡见不鲜。这些因素共同推高了国内旅游成本，导致部分地方出现“国内游比出国游贵”的情况。

二是旅游市场软硬环境亟待改善。一方面市场秩序不规范。旅游旺季一些商家欺客宰客、强买强卖问题突出，特别是“零团费”“低价团”等乱象屡禁不止，侵害了消费者合法权益。例如，今年“五一”期间，杭州市旅游投诉日均同比增长 25%。另一方面交通等基础设施相对短缺。堵车一直是节假日出行的痛点问题，今年“五一”假期首日，全国40条高速公路200个重要通道点位流量环比上升75.9%，显著增加了出行时间成本。一些景区道路、照明、公共厕所、停车场等配套设施不完善，有的4G网络没有实现全覆盖，都极大影响了游客消费体验。

三是旅游资源开发深度不够层次不高。当前我国旅游消费的业态模式还比较单一，主要集中在“吃、住、行”上，“游、购、娱”明显不足。大部分景区过度依赖门票收入，缺少对衍生和附属产品的开发创新，旅游商品同质化、低端化现象严重。特别是文化旅游融合不够，“两张皮”现象仍然突出。有数据显示，全世界旅游活动中约37%涉及文化因素，文化旅游者以每年15%的幅度增长，但我国文化旅游项目往往重概念、轻内涵，千景一面，缺乏创意，市场影响力和吸引力不够。

三、加快推动旅游消费发展的政策建议

我国1995年实行双休日制度和1999年设立三个黄金周，这些重大举措既满足了人民群众休假需要，也极大地促进了旅游消费发展，对扩大国内需求，推动经济增长发挥了重要作用。现在，经过20多年的发展，我们已经到了一个新阶段。面对经济下行压力加大和传统动能减弱的严峻形势，面对旅游市场的巨大发展潜力，我们更应采取超常规的有力举措，综合施策促进旅游消费繁荣发展，为经济稳定增长注入强劲动力。

第一，大力提升国内旅游性价比。借鉴国外旅游发展先进经验，对标国际一流，全面提升国内旅游服务水平。持续推进重点国有景区降低门票价格工作。参考美国国家公园收费体系，探索推广按车或按家庭收费的多人套票模式，延长门票进入景区有效期，

增加游客消费频次。推动旅游业态提质升级，减少景区对门票收入过度依赖，推广故宫等景区开发文创产品的有益经验，加快文化旅游融合，打造高品质旅游消费增量。强化大数据等信息技术运用，做好游客引导分流工作。重视发展夜间旅游消费，延长热门景区和文化场所闭馆时间，增加游客过夜人数，扩大旅游收入来源。

第二，坚决整治旅游消费市场环境。结合推进文化市场综合行政执法改革，建立完善集中统一的旅游综合监管指挥平台，加强和改进旅游市场管理执法工作。实行旅游消费投诉公示制度，运用 APP 平台等构建便捷、畅通、高效的旅游投诉体系。重点加大对“零团费”“低价团”等问题打击力度，坚决取消旅游定点购物，建立旅行社黑名单制度。同时，加强对边远地区、贫困山区交通、水电、通信等基础设施建设，鼓励景区完善停车场、旅游厕所等配套设施，提升整体服务保障能力。

第三，实行弹性和错峰休假。引导机关、团体、企事业单位根据自身实际，合理安排和调整休假制度，鼓励职工根据工作情况和个人需求分段多次休假，灵活安排带薪年休假时间，促进常年性旅游消费。在教学时间总量不变情况下，高等学校可结合实际调整寒、暑假，中小学可按有关规定安排放春假，为职工错峰休假创造条件。结合推进“放管服”改革，下放地方更多安排节假日的自主权。目前少数民族地区几乎都有地方性法定节假日，例如新疆的古尔邦节和肉孜节，形成了实际意义上的错峰休假；一些地方在承办大型国际活动时（例如杭州 G20 峰会、北京 APEC 会议），有条件的单位都进行了错峰休假，相关做法值得研究推广。

第四，全面落实带薪休假制度。适应大众旅游时代需要，把落实带薪休假制度作为重要民生实事，满足人民群众对美好生活的新期待。在全社会树立依法休假理念，根据大中小微企业的不同情况制定相应实施细则，确保带薪休假制度更加完善合理，更具有可操作性。建立严格监督机制，将带薪休假落实情况作为国务院大督查重要内容，相关部门加大日常检查和处罚力度，从源头上解决员工“不敢休”和单位“不让休”问题，切实维护好职工带薪休假的合法权益。

第五，积极吸引外国游客来华消费。优化入境旅游相关签证政策，逐步扩大过境免签区域范围；探索认可“国际驾照”，与更多国家签订驾照互认协议，提高外国游客在我国自驾便利性；完善网上电子签证等服务，逐步实行有条件的“落地签”制度。系统提升旅游设施国际化、标准化、信息化水平，按照国际标准增加景区公共标识，提高景区外语服务水平，积极引入国际一流体育赛事、音乐节、电影节等活动，加强国际旅游品牌推广。

培育壮大新消费 释放内需新潜力

党小卉　张凯竣

随着新一轮科技革命和产业变革蓬勃兴起，消费产品、业态、模式发生深刻变化，催生出以新消费为代表的大量消费热点，有力推动我国消费转型升级，释放更多市场活力，为我国经济稳增长、调结构、保就业等方面提供有力支撑。

一、新消费成为我国消费增长的生力军

新消费依靠驱动消费的新技术、新模式不断涌现，催生消费新业态，重构消费者与商家关系，实现消费业态整体的全要素升级。近年来新消费迅猛增长，产业规模不断扩大，成为我国消费转型升级的核心动能。

（一）消费稳定增长为新消费发展提供坚实基础。消费是我国经济增长的"压舱石"。2019 年前三季度，我国社会消费品零售总额为 29.7 万亿元，最终消费支出对经济增长贡献率

为60.5%，拉动经济增长3.8个百分点。其中，全国网上零售额7.3万亿元，同比增长16.8%，占社会消费品零售总额的比重为24.6%，以共享经济和“新零售”等为代表的新消费正在崛起。有关报告预计，2019年我国社会消费品零售总额可能超过美国，届时中国将成为世界最大的消费市场。这为我国从传统消费向新消费转型升级提供坚实基础和重要契机。

（二）新消费热点持续释放内需潜力。随着“三新”经济快速发展，围绕品牌、渠道、场景和技术等元素的创新创业层出不穷，新消费热点大量涌现，成为我国促进经济增长的新动能。一是个性化消费转型升级迅速。随着金融、IT、医药等行业领域个人收入加速增长，中高收入消费群体进入定制化、小受众的个性化消费阶段，生活服务消费等新消费热点聚焦特殊群体的极致体验，逐步实现消费需求从功能性到情感性的转变。二是下沉市场消费增长迅猛。国家减税降费、精准扶贫、棚户区改造等政策出台，有力促进下沉市场（三至五线城市及县域地区）的居民消费，特别是线上消费增长势头良好，主要电商平台70%以上新增活跃用户来自下沉市场。三是银发消费悄然兴起。中老年群体热衷追捧网络低价预订、错峰优惠等打折促销活动，成为餐饮、KTV、健身、保健等消费主要人群。近三年来，零售平台银发消费者增长1.6倍，其中三四线城市涨幅明显高于一二线城市。四是跨境电商消费突飞猛进。据中国海关统计，2015年至2018年我国跨境电商进口消费复合增长率高达76.4%。2019年上半年，跨境电商零售进口货品货值456.5亿元，同比增长24.3%；预计2020年我国跨境消费用户将超过2亿人。

（三）新兴消费群体孕育新消费高质量增长。近些年，我国城镇化加速推进，加之人工智能、大数据、云计算、物联网等新一代信息技术迅速发展，推动我国新消费迅速崛起，并呈现出由中高端收入人群消费升级和低收入人群从众消费，带动消费高速增长的新趋势。当前及未来一段时期，我国新消费强大的增长动力主要来自两类新兴消费群体：一是中高等收入人群及其家庭。目前26%中高等收入人群及其家庭对消费增长的贡献高达77%，而其中56%的家庭来自四五线城市。二是“85后”“90后”组成的新生代年轻人。2019年前三季度，“85后”“90后”对我国消费增长的贡献高达63%，其中“Z世代消费者”（1995—2009年间出生年轻人）占比为23%，成为新消费主流消费人群的后备力量。与此同时，发展势头强劲的新消费还呈现出两大“高质量”特征：一是服务消费成为现代消费的主要形态。2019年前三季度服务消费比重继续增长，对消费增长的贡献约为52%，占我国消费增长的半壁江山。二是互联网发展对消费影响日趋深化。新一代信息技术及其数字化、网络化、智能化发展趋势，驱动我国新消费逐步实现由“量”的增长向“质”的提升转变，并兼备高技术、高品质、高效率、高度便捷的时代特征。

二、新消费需求正在重构新供给价值链

新消费需求引领新供给。为满足新消费需求的日趋多元化，许多新消费企业率先推进数字化转型，运用技术升级和场景颠覆，重构现代营销、采购、物流、研发和生产体系，通过多样化的线上线下融合方式，打造新型业态和商业模式，从供需两端精准匹配入手，优化和重塑产业价值链，带动相关产业实现高技术化、高集约化和高附加值化，加快产业发展和转型升级。

（一）传统零售企业加快数字化转型。零售企业借助大数据、

人工智能等先进技术和心理学知识完成店铺选址、摊位招商、选品采购、组货分析、绩效考核等升级改造，重塑新电商、新实体店、无人零售、全渠道零售等业态结构和生态圈。未来“新零售”流通发展的主要形式是线上线下无缝融合，零售商将通过多种方式提供全天候全方位的商品和服务，数字化转型为零售企业商业价值带来巨大创新效应。

（二）新消费加速重塑现代商业流通。随着移动互联网与智能设备、AI业务场景及运算平台等新型商贸流通基础设施快速发展，批发市场赖以存在的技术条件、市场环境发生巨大变化。大量二三四线城市的批发市场面临生存挑战，单一职能或附加值较低的流通中间环节将逐步减少。部分行业和地区批发市场依据自身条件，将发展成为以数字化为特征的新型现代化专业零售商或服务商，如新型零售业态、智慧物流园区、供应链金融服务商、其他数字流通服务商等。

（三）数字化消费促进新供给变革。在数字化转型过程中，越来越多的消费品生产企业通过精准捕捉消费者需求，运用大数据驱动产品创新。传统企业新产品开发往往需要18—24个月，一些电商新品创新中心运用大数据分析市场，帮助消费品制造企业将新产品研发时间缩短至9个月。未来越来越多的生产企业将通过数字化全流程设计，生产更加贴近消费者需求的产品，增加有效供给，满足消费新需求，推动消费持续增长。

（四）推动特色产业价值链形成。在数字经济红利和人口红利的双重作用下，平台企业发挥优势，助推个性化消费需求，促进规模化市场形成和新品牌诞生。在此基础上，催生价值链上的新角色诞生，经营、营销、设计、发货环节纷纷涌现出一大批专业化的服务商，新型互联网驱动的制造业产业集群快速兴起。如一些地方通过大数据、人工智能等技术精准对接消费需求与制造产业，初步形成分工完善的产业集群。

三、对培育壮大新消费、释放内需潜力的建议

我国数字化转型正在全面变革各行各业，新消费商业模式发展、产业价值链重塑、高效供给体系形成可能遭遇来自传统行业利益格局的阻力，对我国消费市场监管、产业政策协调等也提出新挑战。建议相关部门积极探索监管新思路、新模式和新方法，不断改善和优化营商环境，推动新消费实现高质量发展。

（一）创新和完善监管模式。新消费催生“千姿百态”的跨界发展新业态、新商业模式，对相关部门和地方现有监管标准和监管方式提出新挑战，不同部门和地方的多种监管标准给平台企业带来困扰。如国家市场监管总局将小摊贩、小杂食、小流通商家监管权下放到地方，而各省市管理标准不一，造成部分省份大量“三小类”商家下线。建议相关部门和地方遵循包容审慎监管原则，积极探索适应新消费发展的监管新模式，促进新消费持续释放经济活力。

（二）加大对共享经济、“新零售”等线上线下小微企业的支持力度。以全渠道运营、虚拟现实体验、柔性供应链为代表的新消费带动众多小微企业发展，为居民增收、扩大就业、鼓励创新等方面发挥积极作用。近年来，我国持续降低一般纳税人增值税税率，但小规模纳税人征收率未作同步调整，制约新消费增长。建议相关部门降低小规模纳税人征收率，并实现与一般纳税人增值税税率同步调整。可参考国际经验，将我国小规模纳税人征收率由目前的3%降低至1%。

（三）发展适应新消费特点的金融服务体系。近些年我国消费信贷发展较快，信用卡信贷总额每年保持20%以上增长，2018年突破15万亿元，银行卡卡均消费金额从十年前的不足2500元升至1.2万元以上。但同发达国家相比，我国消费信贷规模依然偏低，消费信贷普及率与新消费发展需求存有较大差距。建议相关部门加强互联网信用体系建设，引导互联网信贷消费规范发展。在有效防控相关金融风险的前提下，支持用于满足居民合理需求的小额消费信贷，并适时构建分层次、差异化、多元化的相应金融服务体系。

四、稳住外贸外资基本盘

长短期政策结合 发挥企业主体作用 促进外贸稳中提质

包益红

我国外贸进入由成本和价格竞争优势向综合竞争优势转变的新阶段。现有1400多种商品出口份额排名全球第一，依靠传统方式、传统优势开拓国际市场接近“天花板”（2015—2017年国际市场份额分别为13.8%、13.1%、12.8%，2018年为12.8%）。面对复杂多变、竞争加剧的外部环境，根本之举是转型升级、培育新优势。外贸政策需适时转向，引导国际市场布局、国内区域布局、商品结构、经营主体、贸易方式优化，支持外贸转型升级基地、贸易促进平台、国际营销服务网络建设，形成产业、财政、金融等政策相协调的政策支撑体系。

在当前外贸困难增多、企业预期不稳的情况下，需要保持外贸政策连续性稳定性，把短期政策和长期举措更好结合起来，稳住企业信心、稳住外贸产业链、稳住国际市场份额，推动贸易新动能成长、价值链提升。综合有关部门、地方、商会和企业的意见，建议如下：

第一，支持外贸供给侧结构性改革。出口竞争力很大程度上取决于产品竞争力。德国依托工业 4.0 战略，近 3 年国际市场份额提升了 0.2 个百分点。建议借鉴有关国家做法，实质性降低企业税费成本负担，帮助企业渡过转型发展这道难关。（1）推动外贸生产端提质增效。既支持战略性新兴产业抢占竞争制高点，也支持量大面广的传统产业改造升级。鼓励国内紧缺的先进技术和关键设备零部件进口，完善现行进口设备税收政策，将免征关税政策从鼓励类项目调整为所有合规投资项目。对进口设备增值税，可由海关即征即退，所退税款全部用于研发投入，支持企业技术创新。（2）大力培育国际品牌、营销渠道。目前我国出口商品中自主品牌占比仅为 16%，国际市场掌控力偏低。品牌培育本质上是市场行为，政府不宜直接出面。建议发挥行业组织作用，恢复中小企业国际市场开拓资金可由进出口商会使用的政策，支持开展整体品牌宣传活动、设立海外展销中心。

第二，支持企业拓展多元化市场。我国产业配套齐全，全球制造中心的地位短期不会发生实质性改变。中国制造性价比高，应在稳住发达国家市场的同时，开拓“一带一路”沿线发展中国家市场。（1）加大新兴市场开拓力度。建议制定相关引导政策。（2）加快自贸区建设。这是制度型开放的重要保障。建议选准重点伙伴，加快商签自贸协定或互惠贸易安排。

第三，对外贸产业转移进行合理引导。随着我国比较优势的转换，一些招工难、成本高的企业向外转移可能是一种趋势。在尊重市场规律的同时，应采取有效措施，防止产业过快转移、整体转移。（1）把握好国内监管力度。制定明确统一的合规要求，相关标准不能频繁变化，调整时给予一定的缓冲期。（2）缓解企业用工问题。针对高职、技术院校毕业生供不应求的情况，扩大招收规模，鼓励产校联合培养、定向工作。（3）用好现有境外经贸合作园区。引导企业在有条件的国家进行国际化布局，有序开展境外组装加工，带动国内中间品、设计服务出口。

第四，实施更加积极有效的财税政策。（1）完善出口退税机制。出口退税符合国际惯例。建议结合增值税改革进程，按照对出口企业“征多少、退多少、不征不退”的原则，逐步实现国内采购环节已缴税款全额退还（“两高一资”产品除外）。加强增值税票全流程跟踪管理，以前端税票真实性监管代替现行函调核实，从源头上堵塞漏洞、提高效率。（2）扩大服务出口零税率范围。服务贸易是我国外贸的短板。2015 年以来，服务出口零税率政策延伸到软件服务等 12 个领域，效果良好。但目前只有约 30% 的服务出口适用零税率政策。建议将在境外提供的建筑、工程监理、勘察勘探、基础电信、增值电信、广告、播映、会议展览、人力资源、企业管理、咨询等服务纳入零税率政策范畴。（3）实行阶段性社保援助政策。纺织服装、轻工、农产品加工等领域一些外贸企业面临生存危机。某省计划对企业缴纳社保进行专项补助，这有利于缓解劳动密集型企业压力。建议在有需求、有条件的地方进行推广。

第五，完善融资信保支持政策。（1）充分发挥出口信用保险作用。建议中信保拓宽承保范围、降低保费。（2）扩大保单融资规模。建议鼓励和支持金融机构积极发展出口信用保险保单融资，保单融资规模不低于上年水平。（3）保持人民币汇率基本稳定。鼓励推出更多外汇风险管理金融产品。一些企业反映，人民币国际化程度不高，建议设法解决，鼓励扩大人民币直接结算。

此外，外贸企业开拓国内市场是缓解出口瓶颈问题、满足国内高质量多层次需求的新途径。目前加工贸易内销比例不足4%，外贸转内销前景广阔。建议完善认证便利化措施，认可外贸企业出口免验等审查结果。还面临货款回收难问题，外贸企业借助出口信保支持，国外客户支付较国内客户更有保障。建议有关部门研究制定支持和引导政策。

破除政策制度障碍 大力发展跨境电商出口

包益红　黄涛　龚健健

近年来，我国跨境电商出口异军突起，成为外贸出口中最具活力和潜力的板块之一。2017 年，纳入海关统计的跨境电商零售出口增长 41%，2018 年又增长 67%，但规模还不大、只占全部外贸出口的 1% 不到。近期，我们围绕促进跨境电商出口，与相关部门、综试区、企业进行研讨，并开展实地调研。大家一致认为，在当前传统外贸出口下行压力加大情况下，应将跨境电商出口作为市场多元化的突破口。现将有关情况和建议报告如下。

一、跨境电商出口对外贸稳中提质的作用正在显现

跨境电商是“互联网 + 外贸”的新业态新模式，代表着未来国际贸易发展方向。我国跨境电商出口经历了黄页时代、在线交易、全流程在线三个发展阶段，模式不断创新，主要包括 B2B（企

业对企业）、B2B2C（海外仓模式）、B2C（直邮出口），取得了以下几方面的成效：

——市场主体快速成长。广州备案开展跨境电商业务的企业 2465 家，其中电商平台 238 家，电商企业 1560 家、物流企业 606 家、支付企业 61 家，直接间接带动一大批新增就业。深圳各类跨境电商企业约 2 万家，年交易额在 1 亿美元以上的近 30 家。

——促进市场深度开拓。随着互联网的广泛普及应用，电子商务正在发展中国家兴起（东南亚电商销售额仅占社会零售额的 1%—2%，印尼电商占比仅为 1.2%，商业空间广阔），我国跨境电商出口正从发达国家向新兴经济体拓展。2018 年，对东南亚地区增长约 16 倍，对“一带一路”沿线国家增长约 1.4 倍。

——带动附加值提升。与传统贸易相比，跨境电商是端到端的贸易，减少了进口商、分销商、零售商等中间环节费用，使贸易链更加扁平，实现价值回归。某电商企业主营日用小商品，做传统外贸时产品单价仅 3 美元，做跨境电商后售价提高到 30 美元，盈利能力大幅提升。

——推动供给侧改革。跨境电商通过快速的数据传导机制，将海外需求与上游生产紧密结合，带动制造由大批量标准化向定制化柔性化供应链转变。比如，某公司建立了 C2M（顾客对工厂）大数据平台，由传统服装代工厂成功转型为“跨境电商＋智能制造”企业，产品成功打入欧美 30 多个国家市场。

——引领小体量企业走出去。跨境电商平台正在成为越来越多中小微企业发展出口业务的“跳板”。某公司跨境电商出口辐射全球 200 多个国家和地区，已带动全国 2 万家中小供应商走向国际市场，日处理20万票订单左右，年出口额超过5亿美元。

二、多重因素制约跨境电商出口潜能释放

我们对地方和企业反映的突出问题进行了梳理，主要是：

（一）从外部看，限制性措施明显增多。将显著削弱我跨境电商零售出口的价格优势。

（二）从税收看，优惠政策难以落地。针对跨境电商企业难以取得增值税发票或合法有效的进货凭证，财政部等四部门已出台“无票免税”政策，对综试区内符合条件的跨境电商企业出口试行增值税、消费税免税政策。这些政策有利于将行邮快件渠道出口阳光化规范化，但企业也担心造成实际税负不减反增。

（三）从通关看，便利化水平有待提高。与邮包快递相比，直邮出口（海关监管代码9610）程序繁、耗时长、成本高。邮包快递出口按照个人物品监管、实行批量验放，仅需提供邮政单据；而9610项下出口按货物监管，采取逐件验放的方式，需要填报出口清单、报关单等单据，多了一道安检查验手续。

（四）从外汇看，收结汇仍存在一定障碍。跨境电商企业通常利用第三方支付机构办理资金结算，积累到一定额度后划入境内。银行出于风险防范考虑和落实真实性审核要求，要求企业提供转账清单和逐笔交易信息，而境外支付机构配合度较低，增加了收结汇的难度和成本。

深层次看，以上问题折射出现有政策体系还不完全适应跨境电商这一新生事物，监管理念还未能跳出传统贸易监管的模式，制度设计没有充分考虑跨境电商高频次、小额度、时效强等特点。

三、促进跨境电商出口的相关政策建议

我国是全球制造大国、电商大国，发展跨境电商具有得天独厚的优势。需要坚持包容审慎原则，培育跨境电商出口，助力企业拓展营销渠道、培育自主品牌、增强国际竞争力，促进外贸稳定增长。综合有关方面的看法，建议：

第一，税收政策方面，放水养鱼，推动“免征不退”等政策落地，解除跨境电商出口阳光化的后顾之忧。（1）尽可能减少备案信息。（2）完善配套税收政策。目前，一些地方陆续出台“无票免税”政策实施细则，但尚未出台所得税成本抵扣实施细则，建议尽快出台。（3）完善综合退税办法。对于取得增值税发票能够退税的跨境电商企业，往往存在多供应商、多出口对象的情形，难以匹配进项发票和报关单，造成无法退税，建议简化退税办法。

第二，出口监管方面，去繁就简，提高各环节便利化水平，引导企业“阳光化”发展。（1）创新通关方式。一些地方正在探索海关邮关双向互通，有利于解决重复查验，提高通关效率。建议总结经验，复制推广。（2）完善外汇政策。加强银行与海关、税务等部门信息共享，减少跨境电商出口企业收汇环节不必要的单证审核。

第三，模式创新方面，因时而变，针对外部环境新变化，转变跨境电商发展方式，实现高质量可持续发展。（1）大力发展海外仓模式。这有利于降低物流成本，打破贸易壁垒，开拓多元市场，也有利于带动当地就业和税收，实现多方利益共享。据不完全统计，我国已建设海外仓 500 多个，但不少企业反映无法承担前期过高的建设成本。建议加大支持力度，在一些重点国别、重要市场，

可考虑建设示范性公共海外仓；拓展海外仓功能，发展加工、组装、维修等业务，深度开拓区域性市场。（2）探索海外保税仓出口模式。我国采取保税备货（海关监管代码 1210）进口模式以来，有力促进了跨境电商发展，成为电商进口的主渠道。一些企业建议在海外复制推广这一模式，选择境外保税仓开展试点，争取对方给予相似优惠政策，同时加强通关、税务合作。

此外，建议尽快建立健全跨境电商全口径统计制度，以便掌握行业发展真实情况，为完善政策、优化制度提供基础依据。目前，海关建立了跨境电商零售出口统计体系，但还有相当比例出口额没有统计进来。建议厘清跨境电商统计范围，完善统计方法体系。可考虑打通邮政和海关两套信息系统，实现统计数据整合。

当前稳外贸稳就业应更加重视发挥加工贸易的作用

史德信　李强　李凯

加工贸易占我国进出口的1/4以上、货物贸易顺差的90%以上，直接吸纳就业约4000万人，对于促进经济发展、对外开放、国际收支平衡具有重要意义。当前，我国进出口面临较大下行压力，经常项目顺差总体呈下降趋势，保持加工贸易稳定发展的重要性更加凸显。为此，我们邀请商务、财政、海关等部门，就此问题进行了研究，现将有关情况报告如下。

一、加工贸易占比下降但结构趋于优化

加工贸易一度占我国对外贸易的半壁江山，1998年最高时占比达53.4%，从事加工贸易的企业达10万多家。此后，加工贸易增速总体呈放缓态势，近十年来更加明显。截至2018年，加工贸易占我国进出口的比重降至27.4%，其中出口降至32%，进口降至

22%，从事加工贸易的企业降到 5 万多家。但与此同时，加工贸易结构发生了积极变化。

——从产业结构看，机电和高新技术产品占比上升，劳动密集型产品占比下降。2008—2018 年，机电产品占加工贸易比重从 74.2% 提高到 78.1%，高新技术产品从 49.1% 提高到 57.3%，同期纺织服装等七类劳动密集型产品占比从 8.6% 降至 5.1%。加工贸易进口中，集成电路占比从 24.7% 提高到 35%，表明信息通信领域优势持续增强。

——从企业结构看，外资企业仍是主体，但民营企业快速增长。加工贸易是外资企业在我国进行产业链布局的重要模式。过去十多年，外资企业占加工贸易的比重一直稳定在 80% 以上。同时一批民营企业主动对接国际市场，占加工贸易比重从 2008 年的 6.1% 提升至 2018 年的 13.8%。国有企业的地位相对弱化，占比从 9.2% 降至 4.8%。

——从区域结构看，东部地区占比下降，中西部地区加快发展。2008 年，东部加工贸易占全国的 97%，到 2018 年降至 79.5%，同期中西部占比从 3% 跃升至 20.5%。2008 年，中西部省份中仅四川省的加工贸易排名全国前十位，2018 年增加到河南、四川和重庆三省市，加工贸易向中西部地区转移的步伐加快。

——从市场结构看，美欧继续保持重要地位，东盟、韩国的重要性提升。传统上我国加工贸易主要从东亚、东南亚进口关键零部件等中间产品，加工组装后出口美欧。2008—2018 年，对美国和欧盟加工贸易出口占比从 43.6% 降至 40.8%。同期对东盟和韩国出口从 11.2% 升至 14.5%，进口从 28.4% 升至 33.5%，特别是自越南进口从 0.2% 升至 5.6%。

二、对加工贸易“离心力”增强问题应高度重视

加工贸易“两头在外”，对生产要素、政策环境和国际市场变化十分敏感。近年来，随着我国关税总水平下调、出口退税率提高，以及国内替代水平提升，部分加工贸易转向一般贸易。同时，国内加工贸易向境外转移势头明显，一些行业“留不住”现象突出。这既有自身竞争优势弱化的原因，也有外部竞争加剧的原因。

一是国内生产成本上升较快。随着要素成本上升，我国加工贸易的传统优势弱化。2018年，我国职工平均月工资847美元，远高于马来西亚的594美元、泰国的420美元、越南的250美元。这些国家的工人素质较高，对我国替代性较强。此外，国内工业用地价格上涨，环保趋于严格，也使加工贸易在一定程度上承压。

二是外部不确定性因素增多。受中美经贸摩擦影响，部分加工贸易订单转向境外，有的企业推迟在我国的投资计划，转而在美国、墨西哥和东南亚等地布局产业链。江苏一些劳动密集型企业反映，产业外迁本来就在进行中，现在这一进程明显加快了。

三是发达国家力促制造业回流。近年来，美国政府推出一系列吸引制造业投资的政策，吸引了富士康、福耀玻璃、海尔、海信等企业纷纷前往美国建厂。2012年以来，日元对美元累计贬值38.7%，日本制造的成本下降、吸引力增强。据日本经产省统计，2016年，日本海外制造企业有11.8%返回本土生产，其中66%原来在我国内地和香港生产。

四是新兴市场引资优势凸显。东南亚、南亚等新兴市场不仅生产成本相对较低，进入国际市场也有优势。比如，巴基斯坦、菲律宾等国出口欧盟的多数产品享受超普惠待遇，越南2018年与

欧盟、日本等国签署自贸协定后，产品进入欧日市场更加便利。截至2018年底，国内天虹、百隆东方、鲁泰、华孚色纺、雅戈尔等纺织龙头企业都已在越南设厂，这些企业在越棉纱产量超过越南总产量的一半。

三、国内梯度转移遭遇瓶颈，“接得好”面临考验

与东部沿海地区相比，我国中西部地区在劳动力、土地等方面具有一定优势，近年来积极采取措施，推动形成了一批加工贸易重点承接地和龙头企业。同时，中西部地区加工贸易也面临诸多不利条件，“接不着”“接不住”“接不好”的问题较为普遍。

一是交通物流“硬”短板明显。主要表现为物流配送成本偏高、交货周期偏长。如广西每个货柜的物流费用比东部高4000—6000元；云南、江西反映，当地工资和土地成本优势远不能冲抵物流成本劣势。受益于中欧班列开通，一些中西部省份加工贸易快速发展，但亚欧铁路网承运能力瓶颈也在显现，特别是波兰换装设施落后经常导致拥堵。

二是公共服务等“软”环境差距较大。东部加工贸易七成以上分布在海关监管区域之外，中西部受限于监管水平和服务能力，主要在综合保税区、出口加工区等海关特殊监管区域集中开展加工贸易，区外仅占一至两成。广东、江苏等地反映，由于监管、通关等方面原因，不少加工贸易企业转到中西部后水土不服，最终不得不关闭工厂。

三是产业配套能力不足。中西部地区的工业规模较小，很多产业配套不是很完善，在一定程度上制约了产业承接。有些地区承接的产业大多集中在最终产品组装、低端零部件配套等环节，

以劳动密集型为主，抵御外部风险能力较弱。

四是专业技能人才短缺。近年来，一些外出务工人员综合考虑生活成本、子女教育等因素选择返乡就业，但中西部地区加工贸易企业用工难问题仍然不同程度存在。不少企业反映用工存在缺口，尤其是很难招收到足够的专业技工，制约了加工贸易转移和转型升级。

四、有关政策建议

促进加工贸易“留得住”“接得好”，实现稳定发展，亟须出台政策、主动释放促进加工贸易发展的积极信号，同时东部地区应在推动转型升级上下功夫，中西部地区应着眼于用好各类开放平台、改善营商环境，着力提升产业承接能力，打造各具特色的加工贸易集群。具体建议：

（一）推广有益经验，进一步提升监管水平。把目前针对部分大企业的电子账册自动核报试点，逐步推广到具备技术条件且信用认证等级较高的中小企业，简化监管手续。借鉴河南等地的经验，鼓励中西部省份设立专门机构，强化对大项目的便利化监管和“一对一”服务。

（二）充分发挥综合保税区、产业园区等的集聚效应。加快将中西部符合条件的海关特殊监管区升级为综合保税区，以更好地促进产业集聚、承接加工贸易转移。推动建立省际加工贸易产业转移协调机制，支持中西部与东部共建产业园区，有效开展项目对接，实现加工贸易产业链跨地区合理布局。

（三）拓展新的加工贸易业务领域。作为加工贸易的新领域，再制造和保税维修发展潜力很大。在综合保税区内开展再制造和保税维修业务基本上已无政策障碍，但区外如何开展业务仍没有明确规定。建议尽快制定准入门槛和标准，同时及早研究出台保税维修业务的出口退税政策，提升企业竞争力。

（四）加强对加工贸易所需技能人才的培训。结合稳就业大局，对于新设加工贸易企业，可由企业统一组织上岗前培训，中央和地方财政给予一定补助。对于经营困难、有裁员意向的加工贸易企业，可通过税收减免、政府补贴等方式，支持其对富余人员进行轮训，把工人稳定在企业内部。

（五）畅通中西部地区对外开放的物流通道。针对亚欧铁路网承运能力不足的问题，建议加强国际协调，推动改善相关设施，有效提升运力。针对西南部省份物流成本高问题，建议积极推进中国—新加坡、中缅等战略性互联互通等项目建设，畅通“南向通道”。推广应用多式联运提单“一单制”，提升公铁联运、水铁联运水平。

推动开放举措落地
亟须加强协同、完善配套

史德信　李强

2018年以来，我国密集出台了一系列扩大开放举措，包括放宽市场准入、推进通关便利化、降低部分商品进口关税、促进综合保税区高水平开放高质量发展等。这些政策措施落实情况怎样？地方和企业的反映如何？下一步有哪些需要完善的地方？从调研情况看，各项开放举措正在落实并初步见到成效，但也存在不少值得注意的问题，特别是协同不够、配套跟不上，有的政策法规存在冲突，个别政策在执行中存在“一刀切”等。建议尽快完善配套措施，加强部门间协调配合，及时清理和调整有关法规，推动各项开放举措更好落地见效。

一、扩大开放举措总体落实较好，积极效应正在显现

地方和企业普遍反映，国家出台的各项开放举措针对性强、内容实、力度大，对企业是重要政策“红利”，实体经济感受明显，有力增强了市场信心，对稳外贸、稳外资发挥了重要作用。

一是贸易和投资便利化程度显著提升。上海口岸积极落实通关便利化20条措施，进口整体通关时间比2017年压缩50%，进口费用同比下降58%，出口费用同比下降43%。湖南省试点“单一窗口、单一表格”，外资企业登记普遍缩短至3—5个工作日。苏州4家综合保税区有44户企业参与一般纳税人资格试点，企业享受到了实实在在的便利。多地海关特殊监管区内加工贸易监管实现了无纸化，满足了企业全天候进出口需求。

二是外向型新产业集聚发展显著加快。国务院促进综合保税区高水平开放高质量发展21条措施出台后，区内企业从事再制造、委内加工、保税展示交易、保税检测维修等业务的范围放宽，为新产业发展提供了机遇。江苏、上海等地的综保区反映，允许区内企业开展全球检测维修，打破了货物的来源和流向限制，有利于企业承接更多维修业务。苏州工业园保税区内多家企业已经启动快速诊断、保税研发等业务。跨境电商过渡期后监管政策的出台实施，进一步促进了跨境电商业务快速发展。

三是外资对我国市场的信心显著增强。尤其是处于产业链高端的外资企业增资扩产意愿很强。2018年，苏州有484家外资企业增资，新增注册外资45.4亿美元；上海嘉定区外资增资项目达到110个，合同金额19.24亿美元。新版外商投资负面清单发布以来，多个领域实现外商投资“零突破”，特斯拉新能源整车项目

在浦东落地，工银安盛人寿保险公司获准筹建第一家合资保险资产管理公司，穆迪（中国）有限公司成立，英国石油、壳牌公司等国际油企着手全面扩大在华业务。

二、协调不畅、配套不足影响政策落地效果

调研中发现，开放举措落地涉及中央和地方政府的多个部门，由于沟通协调不够顺畅、部分政策法规存在冲突、配套政策跟不上等，限制了开放政策效能的发挥。

*一是推动落实的协同性不够。*总的看，各部门对扩大开放的态度存在一定落差，有的比较积极，有的则顾虑较多、进度较慢，不利于对外开放整体推进。特别是在医疗、教育、文化、旅游、信息等服务市场准入方面，还存在不少“玻璃门”“弹簧门”。比如，已经允许外资旅行社从事出境游业务，但在实践中无论内资企业还是外资企业，经营出境游业务仍需审批，而外资企业获得许可相对较难。再如，再制造业务在综保区内已经允许开展，但在区外开展业务限制还比较多，只能个案突破，给企业带来较大不便。

*二是部分政策法规与新的开放举措存在冲突。*一些企业反映，由于相关行政法规、部门规章没有及时清理和调整，对开放政策落地形成一定制约。比如，2018 年新版负面清单对外资企业从事人才中介服务不再限制，但 2015 年修订的《中外合资人才中介机构管理暂行规定》对外资企业从事相关业务仍有很多约束性规定。又如，位于海关特殊监管区内、享受进口设备保税政策的一家存储芯片制造企业，因生产需要必须大量进口服务器、机柜和空调机组等产品，但这些产品被列入《外商投资项目不

予免税的进口商品目录》，无法享受免税政策，削弱了政策的整体效果。

三是政策落地缺乏配套细则。开放政策落地不理想，一个重要原因是配套措施跟不上。比如促进综合保税区高水平开放高质量发展21条措施，很多都需要相关部门制定配套监管办法、完善信息化管理系统、明确操作流程，而不少措施都还没有出台。新的外商投资法颁布后，很多企业要在公司架构、章程、监事会设立等方面进行变更，还有外商担心合资企业的存续面临不确定性，迫切需要政策指导。企业反映，呼叫中心等增值电信业务在2018年版全国和自贸试验区负面清单中已经放开，但由于没有实施细则，无法申请到牌照。

四是个别政策存在“一刀切”问题。各地在外向型经济发展基础、企业实力、公共服务、监管水平等方面千差万别，但开放政策过于强调一致性，导致一些开放政策在落实中出现偏差。比如有的地方综保区对申请一般纳税人资格试点非常积极，但由于一些条件还不能满足，尚未得到有关部门的批准。压缩通关时间的社会反响很好，但一些基层海关提出，要求所有海关都统一压减，对于之前压缩力度较大、进一步压缩空间有限的海关难度不小，而且会带来新的问题。东部一家医药企业反映，由于进口产品种类复杂、报关批量大，压缩通关时间后很容易出错，而政策规定不论报关批量多少，一年内报关出错都不能超过3次，给企业造成较大困扰。

此外，地方和企业在外汇管理方面的诉求也较为集中。不少地方反映，文化旅游跨境支付、企业境外融资、税后利润和资金出境等存在限制，直接影响地方开放环境和企业投资决策。

三、有关建议

为推动各项开放举措加快落地见效，建议针对地方和企业反映的突出问题，着力增强落实的协同性、政策的配套性、实施的灵活性，同时加强对政策落地情况和效果的评估。

（一）对有关政策法规进行清理和规范。对照高水平开放要求和新版外商投资负面清单，系统清理相关行政法规、部门规章和规范性文件，该废止的废止，该调整的调整。对准入后需要经营许可的，应明确许可的具体条件、批准流程、时限要求，对各类所有制企业一视同仁。指定牵头部门专门受理企业反映的政策法规相互冲突问题，及时交由相关部门进行处理，限时给出反馈意见。

（二）抓紧制定具体实施细则。尽快出台与相关开放举措相配套的可操作办法，特别是对企业期望较高的促进综保区高水平开放高质量发展 21 条措施、外商投资法等，有关部门应及时拿出落实方案和配套细则。同时，地方政府要加大对开放政策的宣传解读，并根据当地企业情况主动提供量身定制的咨询服务，为企业更好了解和应用政策提供指导和帮助。

（三）赋予地方更大政策自主权、增强灵活性。对需要审批、许可才能落地的开放举措，应尽量将审批权限下放到地方政府或园区管委会，中央部门主要负责政策制定和监督。中西部地区外向型经济发展基础相对薄弱，一些政策落地缺乏条件，建议有关部门加强指导，帮助地方提升监管能力，引导企业提升管理水平，探索更符合实际的政策落地办法。

（四）探索新的扩大开放举措。对于跨境电商、市场采购贸易等已取得积极成效、比较成熟的试点政策，建议加快在全国复制推广，不再一批批搞试点。推进以企业为单元的海关监管模式改革，扩大电子围网等监管手段应用，提升便利化水平。同时，结合新一轮外商投资负面清单修订工作，进一步放宽先进制造业、服务业市场准入，特别是自贸试验区应显著加大开放力度，更好发挥试验田作用。

把握引资新趋势更加积极有效利用外资

史德信　张学源

近年来，我国利用外资进入调速换挡的平台期，实际利用外资年均增速从国际金融危机前2001—2008年的13.3%，降至2009—2018年3.9%，已显著低于GDP和固定资产投资增速。调研发现，利用外资在增速放缓的同时，表现出一些新的情况和特点，也有不少问题和隐忧，建议加强引导，更加积极有效利用外资。

一、利用外资出现明显趋势性变化

随着我国经济发展、居民收入增加，以及产业发展水平不断提升，吸引外资的条件正在发生变化，传统比较优势弱化、新的引资优势增强，利用外资表现出不同以往的一些新特点。

在投资目的上，从注重生产成本更多转向注重市场机遇和营商环境。一直以来，外商投资我国主要看重劳动力、土地等比较优势，通常是在中国市场进行加工组装后再出口。随着国内要素成本上升和内需快速增长，外商投资的驱动力越来越转向中国市场本身。2008—2018年，我国外资工业企业出口与主营业务收入之比从37.5%降至28.7%。某汽车部件公司反映，2018年的内销比重高达80%，今年计划进一步扩大投资，主要满足国内市场需求。我国完备的产业配套、不断改善的营商环境，也成为引资的重要因素。许多外资企业提到，中国的产业配套能力远高于东南亚、南亚等地区，近年来大力推进简政放权，促进贸易投资便利化，给企业带来了实实在在的好处。

在投资项目上，外商再投资和增资扩产项目显著增多。上海、江苏反映，挖掘存量企业再投资已成为利用外资的主要方式，其中上海占比达80%。近年来，一批外资大企业集中增资扩产，成为再投资的大项目。这些也从一个侧面表明我国营商环境不断改善、外商对我国信心增强。

在投资方式上，股权投资成为外资进入的重要渠道。沿海发达省份这方面尤其明显，由于土地资源不足，存量土地调整优化和二次开发难度加大，很多外资选择设立投资公司、基金等形式开展股权投资，参股控股国内企业。比如，近年来一批国际私募巨头纷纷在华设立股权投资基金。2010年初在我国设立股权投资基金的某家投资集团，目前已投资90余个项目，股本投资超过75亿美元。

二、当前利用外资工作存在诸多隐忧

在利用外资总体平稳的形势下，各地也反映存在不少问题和障碍，对稳外资工作带来一定挑战。

一是中美经贸摩擦影响外商投资布局。2018年中国美国商会和上海美国商会联合问卷调查显示，中美经贸摩擦对美资企业供应链产生显著影响，31.1% 的公司考虑推迟或取消投资决策。尽管 2019 年以来中美经贸关系有所缓和，但许多企业为减少不确定性，仍然选择将部分生产布局到海外。部分企业表示，准备将部分产能转移到东南亚国家。值得注意的是，一些外资企业转出的不仅有劳动密集环节，也有高端制造环节。如韩国某家企业近年来逐步减少在华投资、大幅增加对越南投资，截至 2018 年 4 月对越投资累计达 173 亿美元，主要生产手机、OLED 显示屏等电子配件，目前越南已取代中国成为该企业最大海外生产基地。

二是高端人才缺乏制约高水平吸引外资。不少地方反映，具有国际化背景的法律、金融、财务等人才和人工智能、软件信息等高端人才供给不足，导致部分外资企业在华开展业务“心有余力不足”。有企业表示，当前中国人工智能领域人才缺口巨大，高薪挖人或涨薪留人成为行业普遍现象。很多企业认为，通过机器换人和内部挖潜等方式，可以显著减少制造业流水线上的用工人数，但对于高水平的先进制造业和现代服务业，高端人才的作用仍无法取代。

三是外资参与国内并购受限较多。2018 年全球跨国并购规模 8220 亿美元，占全球外商直接投资的 69.2%。而我国以并购方式使用外资仅 187 亿美元，占全国利用外资总额的 13.9%。究其原因，主要是对外资并购的顾虑较大、限制较多。在国内部分产业产能严重过剩的形势下，外资并购可加快产业升级、实现多方共赢。考虑到东部地区吸引绿地投资的空间已经很小，如果不在并购上适当放开，将进一步加大引资工作难度。

四是外资企业对政策稳定性存在疑虑。中国美国商会将“法律法规执行不一致、不清楚”列为企业在华投资五大挑战之首，中国欧盟商会将“模棱两可的法律法规”列为2018年中国最大的监管障碍。对于《反不正当竞争法》执法标准模糊、知识产权保护执法力度不够等，外资企业关注也比较多。某外资企业反映，期待加强和完善对企业产权的保护，严格对侵权行为的处罚。近年来我国加强外汇管制、部分外资企业资金汇出受限，企业反映也比较多。

五是各地引资竞争不够规范。总体看，东部地区引资主要依靠良好的公共服务和营商环境，但中西部地区在行政效率、事中事后监管等方面，与东部有一定差距，不少地区吸引外资仍停留在传统方式上。很多外资企业反映，选择在中西部投资很重要的是能获得“更多财政和行政支持”，有的项目地方投入很大，但可持续性存疑。昆山经开区反映，部分前几年转移到中西部的外资企业因为“水土不服”，已多次表示希望重回昆山。

三、更加有效利用外资的几点建议

我国引资形势的新变化，要求引资政策在导向、标准、手段等方面相应进行调整，既充分发挥引资新优势，又着力推动解决面临的突出问题，以增强外商投资的信心，促进利用外资稳定发展、提升水平。

（一）着力推进外资管理转型，提升服务和监管水平。随着准入前国民待遇加负面清单制度的全面实施，外资管理的重点应加快转向完善事中事后监管、改进服务，这是良好营商环境的重要组成部分。上海等地的外资企业反映，对当地营商环境总体较为满意，主要是政府部门将监管与服务较好结合起来，做到“无事不扰，有事即到”。建议相关部门牵头，及时总结各地完善监管、改进服务的有益经验，在全国复制推广。

（二）鼓励各地因地制宜多种形式吸引外资。支持地方在符合法律法规的前提下，立足自身优势，探索符合自己特点的引资模式。针对并购投资限制较多问题，建议根据《外商投资法》颁布实施后的新形势，完善《反垄断法》《外资并购境内企业安全审查制度》等法律法规，出台实施细则，明确外国投资者并购的范围、程序等具体规定。鼓励各地加大对高技能人才的培养和引进力度。支持中西部产业基础较薄弱的地区开展“产业链招商”，增强引资的集聚效应。

（三）加强对地方投资促进工作的指导和服务。在支持各地积极探索的同时，对于一些地方引资竞争不规范问题，应加强统筹协调，将高水平利用外资纳入地方政府考核，并完善考核指标，引导各地在产业布局、引资重点上错位发展，防止低水平重复建设和恶性竞争。充分发挥进口博览会、投洽会、中博会等贸易投资促进平台作用，对外宣传我国改善营商环境取得的积极进展，有针对性地释疑解惑，增强外商投资信心。

（四）加快有关自贸区谈判，营造良好开放环境。越南等东南亚国家近年来引资势头强劲，一个重要原因是自贸区建设效果彰显，产品出口面临的贸易壁垒较少。建议加大谈判力度，在积极推进区域全面经济伙伴关系协定、中日韩自贸区谈判的基础上，加快中欧投资协定谈判，推动升级一批自贸协定，着力提升投资贸易自由化便利化水平，进一步增强对外资的吸引力。

推动服务贸易创新发展提升国际竞争力

史德信　李凯　李强

服务贸易是对外贸易的重要支撑，在我国货物贸易增速放缓的背景下，充分挖掘服务贸易潜力、提升服务贸易国际竞争力，对于促进外贸稳定发展和转型升级、推动高水平开放具有更加重要的意义。从调研情况看，我国服务贸易发展有不少亮点，但也面临诸多问题和制约，亟须放松管制、加大支持，推动服务贸易创新发展、迎头赶上。

一、我国服务贸易发展总体仍有较大差距

2018 年我国服务贸易进出口达到 7919 亿美元的历史新高，同比增长 13.8%。但无论与自身相比还是与国际水平相比，服务贸易发展仍然相对薄弱，存在外贸占比偏低、竞争力偏弱、进出口不平衡等突出问题。

——服务贸易发展相对滞后。2018 年，我国服务进出口占

对外贸易的比重只有 14.6%，不仅远低于美国的 25.5%、法国的 30.9%、英国的 34.3%，也低于印度尼西亚 17.4%、泰国 21.7% 的水平。即使传统上较为倚重货物贸易的德国和韩国，服务进出口占对外贸易的比重也分别达到 19.9% 和 17.1%。2014—2018 年，我国服务贸易年均增速低于服务业增加值 6 个百分点，从一个侧面表明我国服务业的开放水平较低，服务贸易发展相对不足。

——*传统领域竞争力相对较弱*。我国服务贸易的强项主要集中在计算机和信息服务、专业管理咨询等新兴领域，旅游、教育、运输、知识产权等传统领域竞争力不强。去年旅行服务进口 2768 亿美元，其中海外旅游购物、留学教育等占了大头。在运输领域，由于外国公司布局较早、物流网络完善，国内很多外贸企业往往选择国外运输服务，去年运输服务进口 1083 亿美元。在研发、保险、文化等领域，我国企业也缺乏竞争力，比如文化创意产业近年来发展较快，但在工业化、标准化等方面与国际先进水平仍有较大差距。

——*服务贸易逆差居高不下*。1979—2009 年，我国服务进出口大体平衡，1997 年顺差最大时只有 63 亿美元，2003 年逆差最大时仅为 40 亿美元。2009 年后，服务贸易开始出现较大规模逆差并迅速攀升，2018 年逆差达 2582 亿美元，同比增长 7.8%，连续 5 年保持在 2000 亿美元以上。旅行（含教育、医疗等）、运输、知识产权等领域是逆差的主要来源，2018 年这三项逆差合计达 3333 亿美元。

二、开放度不够、政策支持不足制约服务贸易发展

调研中感受较深的是，随着大数据、互联网、移动通信等数字技术的迅猛发展，跨境服务贸易发展面临重要契机，但我国服

务贸易管理思路和模式还难以适应新形势需要，突出表现为限制过多、开放度不够、人才短缺、政策支持不足等。

一是对内限制较多妨碍了市场活力释放。我国服务业管理权限分散在多个部门，一些行业准入门槛较高，准入后对企业经营还存在不少约束。2018年发布的《市场准入负面清单》列举了147项许可准入事项，其中直接针对服务业的多达97项；在制造业和农林牧渔业，对于研发、维修等服务行为也存在许可的事项。一些地方反映，国内保税燃油市场对内开放不够、供应商资质较难取得，导致部分港口无法开展保税加油业务，市场份额流失到韩国、新加坡等国。某信息技术公司反映，由于没有新闻采访权，企业在与国际上的金融信息服务巨头竞争时，处于明显不利地位。

二是对外开放不够制约了企业国际竞争。根据经合组织最新发布的2017年服务贸易限制指数（STRI），我国22个服务领域除建筑设计、铁路货运外，其他均低于所统计45个国家的平均水平，快递、广播、影视、电信等领域开放限制尤其多。有观点认为，随着形势变化，一些领域限制措施意义已经不大。比如近年我国每年有60多万人出国留学，规模还在逐年增长，这种情况下要求外资从事普通高中和高等教育必须中外合作办学、须由中方主导，只会限制国内教育发展。此外，设立医疗机构限于合资合作，电影院建设经营、演出经纪机构须由中方控股，禁止投资文艺表演团体等，也不利于相关行业引入外部竞争、提升国际竞争力。

三是专业化人才不足成为制约企业发展的重要因素。调研中服务贸易企业反映比较集中的一个问题，是招不到足够的高技能人才。某建筑企业反映，公司走出去缺乏既懂语言又懂商务、法律等知识的复合型人才，现在年薪数百万都招聘不到合适的人。另有企业反映，目前小语种、IT 等方面的人才不能满足需要，开拓国际市场受到较大限制。

*四是缺乏系统的服务贸易支持政策。*很多地方反映，尽管我国服务业已占“半壁江山”，但产业政策仍偏重于制造业，对服务业和服务贸易关注较少、支持力度偏小、覆盖面偏窄、缺乏系统性。据商务部估算，2018 年，我国实际享受零税率政策的服务出口仅占服务总出口 20% 左右。在财政支持方面，仅对服务外包、技术出口等有支持，门槛还比较高。有地方反映，技术先进型服务企业可享受所得税优惠，但仅包括信息技术外包（ITO）、业务流程外包（BPO）、知识流程外包（KPO）三类业态，而且从事离岸服务外包业务取得的收入不能低于企业当年总收入的 35%，很多服务企业都享受不到政策红利。此外，我国服务贸易统计主要基于外汇资金流动，缺少企业口径的服务贸易数据，也给政策制定和实施带来较大困难。

三、几点建议

针对服务贸易发展的各种“堵点”“痛点”，建议把服务业对内对外开放作为今后一个时期改革开放的重点突破领域，加紧破除准入和经营限制，同时加大政策扶持力度，加快建立起一套适应服务贸易创新发展的管理体制、促进机制、监管模式和人才培养体系。

*（一）依托自贸试验区，探索进一步放宽服务业和服务贸易市场准入、放松管制的措施。*在 12 个自贸试验区试点跨境服务贸易负面清单管理模式，针对跨境提供、境外消费、自然人移动三种

模式，扩大金融、教育、医疗、文化、专业服务等服务业开放，条件成熟后逐步向全国推广。将部分涉及服务业和服务贸易的审批权限下放到自贸试验区，简化审批流程和手续，切实减少区内企业开展业务的许可类限制，实现“准入又准营”。发挥好服务贸易发展部际联席会议作用，加强对内对外开放政策统筹协调。

（二）构建系统性服务贸易政策扶持体系。建议从税收优惠、平台建设等多个层面研究设计全面的服务贸易支持政策。当前可重点考虑放宽技术先进型服务企业申报门槛，扩大服务出口零税率政策适用范围。探索通过出口信贷贴息、提高出口信保额度等方式，加大对服务贸易的金融支持。推动建立公共实验室、公共测试平台等促进平台，加大对先进技术研发、海外市场开拓等的支持，积极承接发达国家的研发、大数据营销、云计算等高端生产性服务外包业务。着力提升服务贸易外汇收支和融资便利化水平。

（三）支持培养和引进服务贸易急需人才。结合职业技能培训计划，加强职业院校物流、旅游、展览、文化等服务贸易类学科建设和师资力量配置，推动校企深度融合，加快培养服务贸易所需的各类技能人才。对于服务贸易企业紧缺的金融、法律、信息、研发等人才，建议适当放宽条件，创新管理模式，加大从国外引进力度。

（四）优化完善服务贸易统计体系。借鉴发达国家有益经验，探索建立符合实际需要，特别是有助于政策制定的服务贸易统计体系，扩大企业直报范围，创新统计分析方法，提高统计数据的准确性、时效性。依托国家政务服务平台、国际贸易“单一窗口”等，推动部门横向联动和数据共享，加强数据比对，减少“漏统”等问题。

企业开拓多元化市场阻力重重
亟须精准施策破解难题

史德信　李强　冯晓岚　李凯
刘正富　王树谦　杨挺

进一步开拓多元化市场、优化国际市场布局，既是当前应对国际环境变化、稳定外贸发展的重要手段，也是推动我国外贸转型升级的长远之举。2018 年以来，各地和有关部门推出财税金融、展会扶持、贸易便利化等一系列举措，加大对企业开拓多元化市场的支持，取得较为明显的成效。2019 年前三季度，我国对欧盟、东盟、“一带一路”沿线国家出口同比分别增长 5.1%、9.5% 和 5.3%，显著高于 –0.1% 的全国总体水平，部分弥补了对美出口的减量。为深入了解企业开拓多元化市场的情况，我们会同贸促会以专题座谈、发放问卷、实地走访等方式，听取企业意见和相关诉求。调研中发现，在开拓新市场的过程中，外贸企业面临多道绕不过去的“坎”，既有国别环境差异大、企业自身能力不足等老问题，也有短期内我国企业大量涌入热点市场引发的新情况。针对企业反映的情况和问题，建议加强服务和引导，既立足当前，帮助外贸企业解“燃眉之急”，又着眼长远，解决长期积累的深层次矛盾，实现国际市场布局优化和外贸高质量发展。

一、加强政府和企业的协同配合，有效应对日益增多的认证认可壁垒

认证认可是国际通行的质量管理手段，是企业从事国际贸易的“通行证”，其本身无可厚非。但随着我国企业在一些国家市场占有率不断提高，部分国家对我国企业的认证有加严趋势，且不同市场标准不一、互不采信，“隐形高墙”逐步显现，企业对此反映较为集中。主要表现为：一是认证花样繁多。一些食品类企业反映，国际上与食品相关的常见认证有20多种，包括体系类、产品类、国家类和宗教类等，大部分为强制性和变相强制性认证，仅凭企业一己之力难以应对。二是认证费用高企。由于出口商品检验检测认证市场很多被外资机构垄断，认证费用居高不下，且存在额外收费等现象，加重了出口企业负担。一家工程机械企业反映，产品出口到德国技术认证时间长，且费用高达700万元人民币以上。有的小微企业反映认证费用支出占到其出口额的20%左右。三是认证加严迹象明显。企业反映，现在越来越多的国家要求中国企业进行质量认证，部分自愿认证变为强制性认证。从2017年开始，马来西亚要求中国制造企业必须有相关质量证书才能出口至该国，泰国、菲律宾等国纷纷效仿，对质量认证提出了新的要求。部分汽车企业反映，很多中东、拉美国家对中国汽车的排放标准等质量要求显著提高，有的国家还有特殊要求。

建议：一是加强对出口企业尤其是中小企业的指导，通

过各种渠道向企业发布不同国家最新的技术法规、认证要求、认证程序等信息，积极为企业“支招”，引导企业结合不同国别标准，有针对性地提高质量管理水平、取得相应证书。二是努力提高我国认证机构在国际认证市场上的品牌和影响力，培育龙头企业，增强认证领域的话语权。三是广泛参与认证认可领域的国际合作，积极加入相关国际组织，签署更多双、多边互认协议，为企业降低认证成本提供制度保障。

二、引导企业规范竞争行为，促进市场多元化平稳有序发展

当前全球贸易形势低迷、国际市场争夺激烈，导致部分市场竞争加剧，特别是我企业集中涌向几个热点国家和地区，恶性竞争时有发生，甚至引发负面舆论炒作。企业反映，2019 年以来，向欧洲、东南亚等热门目标市场出口的一些电子、家具、汽车零部件企业相互压价，企业利润大幅下降；一些企业在出口机械设备时低价投标，中标后出口翻新的二手产品，损害了我国产品形象；部分出口产品同质化严重，模仿抄袭增多；有的地方对中欧班列补贴不规范，加剧了行业的低价无序竞争。我国二手车出口试点 2019 年 4 月刚刚起步，重型汽车的部分出口目的地就出现了二手车低价竞争、当地经销商联合抵制等问题。企业反映，现阶段二手车出口多由经销商负责，“一锤子”买卖较多，另外出口二手车无须生产企业授权，汽车质量、售后服务等难以保证。

建议：积极发挥行业协会的自律职能，制定自律性公约，通过发布倡议、提醒提示、业内通报等手段，对恶性竞争、假冒伪劣等行为及时纠正。充分利用海关统计和大数据，及时识别低价

竞争的企业，并通过约谈、调整信用评级等加以规范。二手车出口是新生事物，应严格经营主体资质，从二手车经销商的资金实力和规模、交易量、海外渠道、售后服务保障、信用记录等方面着手，促其有序发展；支持汽车生产企业和二手车经销商共享保养、维修、保险、检测等信息，确保二手车出口产业链规范、可追溯。

三、加快金融产品创新，提供更加贴合企业需求的金融服务

金融产品创新不足、服务覆盖面不够一直是困扰企业开拓市场的突出问题，现在企业反映较多、影响较大的主要在工程机械、大型机床、汽车等产品出口领域，这类产品单价高，客户能否获得信贷支持至关重要。但很多企业反映，我国金融机构在“一带一路”沿线国家的业务种类有限，无法向客户提供贷款。比如在东南亚地区，日本、欧洲银行的分支机构通常会优先给母国企业的客户提供优惠贷款，导致当地客户更多选择日本或欧洲企业的设备，削弱了中国产品竞争力。一些外贸新业态发展很快、前景看好，但从传统渠道很难获得银行贷款。某民营企业反映，计划在境外投资设立中转仓、共享仓、生产基地以扩大出口，但国内银行认为跨境物流、海外物权监管困难，不愿提供资金支持。

建议：一是加快中资银行分支机构在“一带一路”沿线国家的布局，提供更加契合企业需要的金融产品，为中资企业的相关海外客户提供更多融资授信服务，提升工程机械、大型装备等的市场占有率。二是进一步丰富担保方式，完善风险评估，便利授信流程，除不动产抵押以外，积极拓展第三方信用保证、应收款质押、提单质押、融资担保等多种增信方式，为外贸企业提供更

多选择。三是引导金融机构为出口企业提供定制化服务，探索中小出口企业使用境内授信额度在境外贷款、境内外均可还贷的新模式，鼓励金融机构推出适应海外仓物流特点的产品和服务，支持企业建立共享海外仓和共享服务平台。

四、加大公共服务力度，为企业应对贸易风险和纠纷提供有力支持

调研中发现，随着市场开拓脚步加快，外贸企业尤其是中小企业遇到的国别风险以及合同执行、货款回收等方面的争议和纠纷增多，往往不知道从何处着手，对法律信息咨询、市场风险研判等公共服务的需求十分强烈。企业反映，欧盟首次将我国在“一带一路”境外项目列入反补贴调查清单，企业因不了解应对程序等感到“未战先怯”。还有企业反映，在自贸协定和原产地规则运用、合同争议等方面，由于自身法治和维权意识淡薄、不懂国际商事规则，常常“吃哑巴亏”“花冤枉钱”。此外，海外知识产权保护申报难度大、申报时间长、申报成本高，国内不少企业望而却步，我国商标、技术在国外被恶意抢注和违法使用等现象屡屡发生。

建议：一是加强商事法律服务，对企业海外知识产权申请、维权、纠纷应对，以及遭遇的反倾销、反补贴案件等，积极提供指导和法律咨询。二是加大中介服务机构的支持力度，并引导他们提升服务标准，提供专业水平高、收费合理的涉外经贸相关服务。三是密切关注企业开拓海外市场遇到的各类苗头性、倾向性风险，加强评估和研判，有针对性地向相关企业发出警示。

五、完善监管政策，促进外贸新业态更好发展

跨境电商、外贸综合服务等新业态是企业开拓国际市场的重要依托，但监管中存在政策不协调、相互冲突的问题，制约了其发展。如跨境电子商务出口“免征不退”商品存在结汇难问题，北京一家跨境电商出口企业反映，2018 年 10 月实行“免征不退”政策后，由于没有进项增值税发票，导致企业在出口后无法结汇。天津一家外贸综合服务企业反映，退税过程中税务部门需要向开票企业所在地税务部门逐票发起询证函，如果报关单增加新的商品种类、商品数量有较大增长时也需要发函，导致不能及时退税。同时，外贸综合服务企业所服务的客户数量比较多、通关票数大，非主观过错的差错率比一般出口企业高，而目前海关按照年度违规次数对其进行评价，给企业造成了较大压力。

建议：进一步完善“免征不退”监管措施，加强海关、税务、外汇管理部门数据共享，探索将海关放行结关数据作为“免征不退”商品结汇依据。优化税务部门退税发函机制，明确发函的情况和种类，减少不必要的函询。探索符合外贸综合服务企业特点的海关监管模式，比如在信用评级方面由绝对指标改为相对指标。

促进外贸平稳发展亟须破解体制性问题

马志刚　张凯竣

义乌是全球最大的小商品批发市场，是我国国际贸易改革的“试验田”和观察外贸发展的“晴雨表”。近年来，受益国际贸易综合改革试点持续推进，义乌进出口一直保持较快发展势头。但调研中也看到，当前我国外贸平稳发展还面临一些亟须突破的梗阻，这在义乌有比较集中的体现。

一、外贸进出口面临较大下行压力

根据义乌调研并综合面上情况看，当前我国外贸形势稳中有忧，下行压力较大。主要依据有以下三点。

第一，国际经贸环境趋紧。义乌的很多采购商已经感受到了这种变化。他们反映，一些外国企业为了避免美国对我国升级加征关税措施影响，纷纷将订单提前，往年来自国外的圣诞节订单一般集中在8、9月份，2019年6月份就基本做完了。一些国家清关时间较往年大幅增加，检查更趋严苛，有的两三个月时间还办不完，大大增加贸易成本。外贸纠纷也有所增多，一些外商以汇率不稳定为由，要求国内商户让利，有的甚至违约取消订单。

第二，外贸物流成本居高不下。义乌的一些外贸经营户反映，跨境物流价格上涨明显，2018 年以来 100 克以内的小包价格涨幅已超过 100%。受国际终端费改革和美国抬高价格等影响，预计 2020 年还将上涨 27%，将对跨境电商、市场采购贸易等带来较大冲击。

第三，订单和产能转移加快。一些企业加快订单和产能布局调整，把生产线开始向海外转移，其中既有落后产能，也包括一些先进产能。2019 年前三季度，义乌经备案的境外投资项目金额同比增长 80.57%。

同时调研中发现，保持外贸平稳增长也存在不少积极因素。比如，多元化开拓市场成效明显。2019 年我国对美贸易下降较多，但对东盟、欧盟、“一带一路”沿线国家出口增长很快。义乌出口额前十的国家和地区中，有 7 个为“一带一路”沿线国家，对前两大贸易伙伴非洲和中东的进出口额占总体 43.9%。这些地区对“中国制造”非常认可，每年有五六十万外国客商来义乌采购。又如，进口和转口具有较大增长潜力。城乡居民消费加快升级，对进口商品需求旺盛；产业配套体系完善，对进口商品加工后再转出口的综合优势明显。我们调研了义乌十几家国内外客商，他们都看好我国进口市场和转口优势，义乌正在大力谋划进口和转口板块发展，有望几年内再造一个义乌。

二、外贸平稳发展面临不少体制机制问题

当前促进外贸平稳发展面临诸多制约因素，有来自外部环境

的挑战，但也有内部体制机制方面的障碍和束缚。

一是行政层级管理体制限制了部分贸易发达地区的发展活力。当前我国一些地方特别是县区镇，对外贸易发展速度快、规模大，已经成为全国性乃至国际性商贸中心，但由于行政层级较低，普遍面临着生产关系不适应生产力发展需要的问题。比如，义乌作为县级市无法设立国际贸易需要的仲裁委、拍卖公司等机构，外商习惯选择保密快捷的仲裁途径解决纠纷，相关需求难以得到满足。又如，义乌公安每年签发的外国人签证和居留许可占浙江全省三分之一以上，但警员规模按县级标准配置导致警力不足。

二是部分外贸环节的制度性交易成本仍然较高。近年来我国大力优化外贸营商环境，提高贸易便利化程度，但管理制度方面仍存在一些不合理限制。比如，一般贸易进口商品按照报关价格征税，而保税区展示交易的进口商品成交出区后，需要按照内销价格征税，极大抬高保税展示交易商品成本，制约了这一模式推广应用。又如，在进口贸易准入方面，与大宗贸易商品不同，进口日用消费品往往同一批次货物中包含多类商品，每一类商品都要单独办理进口许可证，推高进口企业通关成本。

三是“审批式”改革模式不利于国贸领域基层探索创新。国贸和开放领域的很多改革事项都涉及部委事权，或与现行政策法规有所冲突，导致地方自主“先行先试”空间较小。

四是人才培养管理机制落后阻碍了外贸转型升级。据统计目前我国跨境电商人才缺口近450万，特别是像义乌这样的县级城市，受地域、环境等限制，很难吸引到国际贸易、跨境支付、国际物流等方面一流人才，当地高等院校和职业院校数量少，难以满足企业员工的技能培训需求。外国人员引进管理的相关政策规定也有待完善。比如，A类外国人才在出入境等方面具有较高便利度，但义乌由于层级较低没有相关认定权限。在外国人身份识别和信用记录等方面，国家还没有统一查询系统，限制了基层对外商的服务管理效率。

三、进一步优化外贸发展制度环境的建议

外贸发达地区遇到的很多困难挑战在全国具有代表性、趋势性、苗头性，应该高度重视，通过改革有针对性加以解决。

第一，突破行政层级限制给贸易发达地区更大支持。探索建立适应贸易发达县域地区发展的行政服务和管理体制，在海关、外汇、物流、出入境、金融等与外贸紧密关联的管理职能方面，适当提高属地部门行政层级。在自由贸易试验区、综合保税区等特殊监管区域设立方面，突破行政层级标准和区域平衡考量，赋予对外贸易规模大、辐射影响力强的地区更大改革创新探索空间。

第二，持续提高贸易便利化水平。继续梳理货物贸易和服务贸易的现有管理政策，该取消的取消，该完善的完善，切实为外贸企业松绑。优化一般贸易进口商品保税展示交易的完税政策，促进综合保税区与国内市场更有效衔接。简化低风险日用消费品进口认证环节，试行责任追溯、违法惩治、先行赔付和召回等事中事后监管制度，降低企业通关成本。

第三，完善外贸人才培养和涉外人员管理机制。改进完善高校专业设置，及时与国际接轨，培养更多熟悉国际贸易体系规则的专业化人才。加强专业技术技能人才培养，引导职业院校在办学模式、专业建设、实训就业等方面与电商等企业融合，在高职院校扩招方面更多向市场急需的电商类专业倾斜。深化外国人才

引进管理体制机制改革，完善签证和绿卡制度，推行出入境便利措施，建立全国统一的外国人信用信息查询系统，探索既方便外国人居留经商又能实施有效服务管理的模式。

第四，加强政策统筹协调配合。近几年，我国出台了一系列扩大开放的改革举措，要结合落实情况和实施效果，及时调整完善政策细则。在自贸区等地方性先行先试改革方面，应探索形成更加高效的部门地方协同联动机制，最大限度给予地方授权，充分调动和发挥基层积极性。